이제 영업도 전략적으로 한다

현장에서 바로 활용하는 영업전략 수립 5단계 프로세스

이상화

이제 영업도 전략적으로 한다

이상화 지음

바로 활용하는

영업전략 수립

프로세스

현장에서

5단계

plan b
DESIGN

차례

들어가며

영업사원을 둘러싼 영업환경이 점점 어려워져만 가고 있다. 지난 30여 년간 다양한 산업의 영업현장에서 많은 영업사원들을 가까이서 지켜볼 수 있는 소중한 기회를 가질 수 있었다. 당시 만났던 대부분의 영업사원들은 모두 나름의 방식으로 최선을 다하여 영업을 하고 있지만 현장은 그들의 노력의 여부와 상관없이 점점 더 어려워져만 가고 있다. 물론 이것이 영업사원의 책임 때문은 아니다.

공급 과잉의 시대에 고객의 선택을 받기 위한 회사 간의 경쟁은 더 치열해지고 이에 따라 여러 회사들이 고객에게 제안하는 제품과 서비스 간의 차별점은 줄어들고 있다. 게다가 제품과 서비스에 대한 고객의 요구사항은 더 정교해지고, 마치 계절에 따른 바람의 변화처럼 고객의 니즈 또한 하루가 다르게 변하고 있다.

어떤 산업에서는 빠르게 글로벌화됨에 따라 예전에는 고려할 필요가 없었던 글로벌 강자들의 파상 공세에 속수무책으로 국내 기존 시장을 빼앗기고 있다. 또 다른 산업에서는 업종 간의 뚜렷한 경계가 갑자기 무너져서 누가 자신들의 우군이고 누가 자신들의 경쟁자인지 구분하기도 쉽지 않다.

이처럼 영업환경이 어려워지자 영업사원 개인에 대한 의존도는 더 높아져만 가고 있다. 조직 차원에서 대응방안을 만들어 혹독해진 영업환경을 타개하고자 여러 시도를 하고 있으나, 여전히 영업사원들에 대한 의존도는 줄어들지 않고 있다. 오히려 영업환경이 어려워질수록 영업사원들의 영업목표는 더욱더 높아져만 간다.

다행스러운 것은 추구하는 영업목표가 아무리 높아도 현장의 많은 영업사원들은 주어진 목표는 반드시 달성하고자 고군분투한다는 것이다. 영업목표를 달성하지 못하는 경우, 영업사원들은 어떠한 정당한 이유도 변명으로밖에 이해되지 않는다는 것을 너무나도 잘 알고 있기 때문이다.

과연 언제까지 영업사원들에게만 의존해 '더 열심히, 안되면 될 때까지' 주어진 목표는 무조건 달성하라고 요구할 수 있을까? 영업사원들에게 최선을 다하라고 요구하는 것이 과연 영업목표 달성에 얼마나 효과가 있을까?

바로 이 의문점이 이 책을 쓰게 된 근본적인 이유이기도 하다. 영업현장의 최전선에서 지켜본 현장 영업사원들의 안타까운 영업 현실을 영업사원들이 극복하는 데 조금이나마 도움을 주고 싶은 욕구가 발현된 것이다.

지금까지 시중에 출간된 많은 영업 관련 책들은 저자 자신이 특정산업에서 영업사원으로 다년간의 경험을 통해 직접 체득한 다양한 영업 스킬 또는 성공적인 영업 마인드셋을 소개하는 내용이 많았다.

물론 성공적인 영업을 위해서는 영업 스킬과 마인드셋 역시 중요하다. 하지만 어려운 영업환경을 돌파하는 데 있어 이 두 가지만으로는 역부족이다. 이에 덧붙여 필요한 것이 '영업전략'이다.

앞으로 영업사원도 '전략'이라는 개념에 친숙해질 필요가 있을 뿐만 아니라 자신만의 특유의 영업전략을 수립할 수 있어야 한다. 그런데 아직도 많은 영업사원들은 영업전략 수립이 자신들이 할 일이 아니며 영업관리자나 영업본부 지원부서 담당자가 할 일이라고 여긴다.

물론 '영업전략'이라는 주제는 영업사원들이 편하게 접하지 않던 다소 딱딱한 개념이다. 그래서 나는 이 책에서 현장 영업사원들이 영업전략의 기본 개념을 쉽게 이해하도록 여러 가지 예시를 들어서 설명하고자 하였다.

이 책은 영업전략의 개념을 영업사원들에게 가르치는 이론서가 아니다. 영업사원들이 각자의 영업전략을 주도적으로 수립하고, 영업현장에서 이를 활용하는 데 있어 실질적인 가이드로서의 역할을 수행하는 지침서가 되길 바란다.

책은 먼저 전략 수립과 관련한 다양한 이론과 프레임 가운데 중요한 개념들을 충실하게 소개한다. 이 책에 담긴 주요 전략 관련 개념들로는 MECE 원칙, BCG 매트릭스, 마이클 포터Michael Porter의 다섯 가지 힘Five Forces, PESTEL 분석, 에이드리언 슬라이워츠키Adrian Slywotzky의 레이더 스크린The Radar Screen 분석, C. K. 프라할라드C.K.Prahalad와 개리 하멜Gary Hamel의 핵심역량과 VRIO분석법, 마이클 포터의 가치사슬Value Chain 분석, 마케팅 믹스 4P 전략 프레임과 SMART 원칙 등이 있다. 나는 이 개념들을 단순히 소개하는 데 그치지 않고 이 개념들이 전략 수립의 어떤 단계에서 어떻게 활용되는지 설명하고자 하였다.

무엇보다 나는 이 책을 통해 여러 가지 구슬들을 엮어 멋진 목걸이를 만들듯이 지금까지 단편적으로만 제시되고 있던 전략적 개념의 구슬들을 영업전략 수립 5단계 프로세스라는 실을 통해 실제로 어떻게 '영업전략'이라는 그럴듯한 목걸이를 만들어 내는지 전략 수립의 전체 과정을 보여주고자 한다.

또한 책을 통해 일반적인 전략 수립의 개념과 프로세스를 '현장 영업사원'이라는 독특한 상황에 대입하여 전략을 수립해 보는 과정 전체를 살펴봄으로써 현장 영업사원들이 자신들의 영업목표를 달성하는 데 실질적인 도움을 주고자 하였다. 따라서 이 책에서 제시하는 영업전략 수립 가이드는 먼저 영업현장에서 영업목표 달성을 위하여 고군분투하는 많은 현장 영업사원들을 일차적인 대상으로 하고 있다.

현장 영업사원이라면 어떤 산업에서 어떤 형태의 영업에 종사하든 상관없이 이 책의 내용이 도움이 될 것이라 생각한다. 영업의 형태가 B2B 영업이든 B2C 영업이든 차이가 없다. 실제로 국내외 여러 산업들을 넘나들며 다양한 전략컨설팅을 수행했던 개인적인 경험을 토대로 볼 때 B2B나 B2C 모두 영업의 본질적인 속성은 동일하다는 입장이다. 또한 특정 회사에 소속된 영업사원들뿐만 아니라 프리랜서로서 자신의 독자적인 사업을 영위하는 영업사원들의 경우에도 이 책에서 제시하는 스마트한 영업전략 수립은 많은 도움이 될 것이다.

영업현장에서 발생하는 다양한 문제들 가운데 특히 '영업목표 달성'이라는 문제는 모든 영업사원들이 해결해야 하는 가장 중요한 것이기 때문이다.

다음으로 이 책은 영업사원들에게 영업에 관한 코칭을 제공하고 영업실적을 관리하는 영업관리자들이나 영업사원을 지원하는 다양한 지원부서 담당자들을 대상으로 하고 있다. 영업관리자들이 영업사원들을 효과적으로 코칭하기 위해서는 영업전략 수립과정을 이해하고, 경우에 따라서는 영업사원들과 함께 전략을 수립하는 과정에 참여해야 한다. 또한 지원부서 담당자들도 효과적인 지원을 위해 책에서 제시하는 스마트한 영업전략 수립 가이드를 참고하면 영업사원들에게 보다 실질적인 도움을 줄 것으로 기대한다.

마지막으로 이 책은 전략적 사고방식과 전략적 문제 해결 방법에 관심이 있는 모든 독자들을 대상으로 한다.

우리는 각자의 자리에서 나름대로 의미 있는 가치를 만들어 고객에게 전달하고자 애쓰고 있다는 점에서 모두가 영업사원들이다. 따라서 이 책은 현장 영업사원들이나 영업관리자들, 그리고 영업지원부서 담당자들뿐만 아니라 전략 수립의 전체 과정을 통해 실제로 전략이 어떤 단계를 거쳐 수립되는지에 관심이 있는 모든 독자들에게 유용하다. 또한 어떤 분야든 전략적 사고방식을 배워 자신이 개척해야 할 나름의 분야에서 유니크한 전략을 수립해 보고자 하는 누구에게나 도움이 될 것이다

이 책에서 소개하는 영업전략 수립 가이드가 마치 전쟁터에서 매 순간 온몸으로 적들의 총탄을 막아내고 있는 참호 속 병사들과 같이 매일 치열한 영업현장에서 영업목표 달성에 매진하고 있는 존경하는 이 땅의 모든 영업사원들에게 무적의 방패처럼 난세의 공격을 막아줄 무기가 되기를 바란다.

한국의 동쪽 한동대 에벤에셀관 연구실에서

이상화

제1장

현장 영업에서 영업전략 수립의 중요성

제1절　VUCA 시대 KASH에 집중한 영업 교육과 훈련의 한계

　전통적으로 영업사원을 대상으로 하는 교육과 훈련은 대부분 영업사원으로 하여금 관련 지식, 태도, 스킬과 습관 등 이른바 'KASH'를 갖추도록 하는 것이 강조되어 왔다. 반면, 현장 영업에 있어 영업전략의 중요성은 과소평가되어 온 것이 사실이다. KASH는 영어단어 Knowledge(지식), Attitude(태도), Skill(스킬), Habit(습관)의 첫 글자를 조합한 말로 전통적으로 영업 관련 교육과 훈련의 핵심 주제였다.

　KASH의 구체적인 내용은 산업별로 또는 영업의 특성에 따라 다양하게 구성될 수밖에 없다. 하지만, 그 핵심은 어떤 분야에서의 영업이든 영업사원이 관련 분야의 지식과 영업 스킬을 배우고 익혀서 이를 자신의 영업현장에서 적극적으로 활용하고, 영업의 장애물 앞에서 '할 수 있다'는 긍정적인 태도로 극복해 현장에서의 성공 경험을 각자 자신만의 습관으로 만드는 것이다.

　예를 들어 KASH 가운데 특별히 '태도'에 대한 교육과 훈련을 통해 영업을 자신의 평생 직업으로 생각하도록 하고, 영업을 통해 고객이 누릴 수 있는 가치에 보다 집중토록 하는 역량을 개발할 수 있다.

　또한 KASH의 요소 중 관련 '지식'과 영업 '스킬'에 대한 교육과 훈련을 통해 자신의 분야에 필요한 전문성을 쌓는 데 도움을 얻을 수 있고, '습관'에 대한 적절한 교육과 훈련을 통해 자기 관리 역량을 배양할 수 있다.

　물론 영업 대상이 되는 제품이나 서비스 또는 고객 특성에 따라 지식, 태도, 스킬과 습관의 상대적인 중요도는 달라진다. 예를 들어 보험상품과 같은 무형의 제품을 판매하는 영업사원의 경우 네 가지 역량 중 특히 '태도'와 '습관'이 상대적으로 중요하고, 자동차나 화장품과 같은 유형의 제품을 판매하는 경우 상대적으로 영업 '스킬'이 중요하다. 한편 일반 소비자들이 아닌 기업 고객들 대상의 고도의 기술 영업을 필요로 하는 제품이나 서비스를 판매하는 영업사원에게는 상대적으로 관련 '지식'이 중요하다.

　KASH를 강조하는 것은 결국 **"영업에서 중요한 것은 감(感)이야"** 라는 명제와 연결되어 있다. 영업 분야에서 영업사원들 간에는 '몇 년차 영업사원'이란 것이 영업사원의 역량을 짐작할 수 있는 중요한 지표로서 여겨졌다. 이는 특히 현장에서 오랜 기간 영업을 하면 그만큼 영업에 대한 감이 쌓이고, 이러한 '감'이야 말로 현장 영업에서 매우 중요한 영업사원의 '무형의 자산'이라는 것을 전제로 하고 있다.

　영업사원들이 나름의 방법을 터득하거나 회사에서 제공하는 각종 영업 관련 교육과 훈련의 기회를 활용하여 지식, 태도, 스킬, 그리고 습관을 만드는 것도 결국 자신만의 영업의 감을 쌓는 데 도움이 된다.

뿐만 아니라 영업 연차가 짧은 후배 영업사원은 공식적인 영업 교육과 훈련을 통해서는 배울 수 없는, 영업현장에서의 날 것의 노하우를 배우기 위해 연륜이 높은 영업사원들의 말과 행동을 은연중 따라 하게 된다.

그런데 '영업에서 중요한 것은 감이야'라는 명제는 지금의 영업환경이 예전과 비슷하고, 영업현장에서 마주하는 많은 문제점들이 예전 선배 영업사원들이 겪었던 문제와 비슷해 기존의 방법으로 문제를 해결할 수 있다는 전제조건하에서는 여전히 옳을 수 있다. 하지만 현재 영업사원이 마주하는 영업의 현실에서는 더 이상 이러한 전제조건이 유효하지 않다.

VUCA 시대가 도래함에 따라 영업사원들이 자신들의 영업목표를 달성하기 위해서 필요한 것은 균형 있는 KASH뿐만 아니라 영업전략 수립 역량이다.

VUCA 시대에서 V는 변동성Volatility, 불확실성Uncertainty, 복잡성Complexity, 모호성Ambiguity의 영어 단어 첫 글자를 조합한 말로 최근의 급격한 디지털 기술의 발전으로 변화된 사회 경제적 환경을 일컫는 말이다.

이러한 시대의 영업환경은 매우 빠른 속도로 변하고 있으며 또 앞으로 어떤 방향으로 변할지 그 미래를 예측하기가 매우 어렵다. 따라서 예전의 문제 해결 방법으로는 현재의 문제를 해결할 수도 없을 뿐더러 오히려 이러한 시각으로는 문제를 객관적으로 바라볼 수 없어 해결의 기회를 놓칠 수도 있다. 그러니 결국 더 이상 '영업에서 중요한 것은 감이야'라는 명제는 유효하지 않다.

그렇다면 과연 지금의 영업환경에서 중요한 것은 무엇인가? 언급했듯이 '영업전략'이다.

많은 영업현장에서 상당히 도전적인 높은 영업목표와 결연한 의지를 다짐하는 구호가 가장 잘 보이는 벽면에 큰 글자체로 붙어 있는 것을 심심치 않게 볼 수 있다. 어떤 조직이든 영업목표는 반드시 달성해야 하는 것으로 강요받고 있다. 그런데 여전히 많은 영업사원들은 어떻게 영업목표를 달성할 것인지 진지한 고민이 없이 맹목적으로 영업에 매진한다. 영업사원들에게는 최소한 자신의 영업방식이 영업목표 달성에 얼마나 효과적이었는지 살펴볼 여유도 없다. 단지 예전에 하던 그 방식 그대로 '최선을 다해' 노력할 뿐이다. 하지만 그 노력은 그저 허울만 그럴듯할 뿐 영업목표 달성은 여전히 요원하기만 하다.

이는 영업사원의 각종 지식과 스킬, 태도와 지금까지의 좋은 습관들의 중요성을 폄하하자는 것이 아니다. VUCA 시대 영업의 돌파구를 마련하기 위해서는 이러한 KASH와 더불어 현장 영업사원들 스스로 영업전략을 수립하고, 이를 자신들의 영업현장에서 유연하게 적용하고 또 수정하는 역량이 반드시 필요하다.

제2절   영업전략에 대한 오해와 진실

영업전략 수립과 관련하여 영업현장에서는 다음과 같은 여러 가지 오해가 있었다. 먼저 첫 번째 오해는 '**영업전략은 영업본부 내의 관련 팀, 예를 들어 영업기획팀 또는 영업관리자들이 수립하는 것이며, 현장 영업사원들은 이 전략을 충실히 실행하기만 하면 된다**'는 것이다. 하지만 영업기획팀이나 영업관리자들은 영업사원 각자가 담당하고 있는 수많은 변수의 영업상황을 충분히 파악할 수 있는 위치에 있지 않다. 또한 이들의 영업전략이 영업사원들이 마주하고 있는 다양한 현장의 문제들을 해결해 영업목표를 달성하는 데 효과적인 최적안이 아닌 경우도 많다. 결국 현장의 영업전략은 영업기획팀이나 영업관리자가 아닌 영업현장을 가장 잘 파악하는 현장 영업사원이 주도적으로 수립해야 한다.

두 번째 오해는 '**전략 수립 작업이 현장 영업사원이 주도적으로 수행하기에 너무 복잡하고 어려운 작업인 탓에 영업사원이 수립하는 전략의 질(質)은 낮을 수밖에 없다**'는 것이다. 하지만 전략은 머리로 수립하는 것이 아니다. 오히려 탁상공론보다는 현장에서 두 발로 뛰며 수집한 다양한 정보의 질(質)이 더 중요하다. 좋은 전략을 수립하기 위해서는 정보를 분석하고, 시사점을 찾는 '기획 역량'보다는 호기심을 가지고 유용한 정보를 수집해 적재적소에 정리하는 '정보 수집 역량'이 더 중요하다. 아무리 시사점을 잘 찾는다고 하더라도 앞 단계에서 좋은 정보가 제대로 수집되지 않으면 좋은 전략이 만들어질 수 없기 때문이다. 당연히 이 역할은 그 누구도 아닌 현장 영업사원이 가장 잘 수행한다. 또한 수집된 정보를 분석하고 시사점을 찾아 전략으로 구성하는 기획 역량 역시 영업사원들이 충분히 배양할 수 있는 분야이다.

영업전략 수립과 관련한 세 번째 오해는 **'영업전략은 일 년에 한 번 정기적으로 수립하는 것이며, 다음 해 다시 전략을 수립하기 전까지 오로지 전략 실행에만 집중할 뿐 전략을 수시로 수정하는 것은 바람직하지 않다'**는 것이다. 예전에 영업환경이 거의 변하지 않을 때는 이 방식에 문제가 없었다. 하지만 요즘처럼 영업환경이 수시로 변화하는 경우에는 필요에 따라 영업전략을 수시로 수정하는 것이 필요하다. 지금까지의 영업전략에 대한 현장의 오해와 진실을 정리하면 다음과 같다.

영업전략에 대한 오해		영업전략에 대한 진실
영업전략은 영업기획부서나 영업관리자가 수립하는 것이고, 영업사원은 수립된 전략을 충실히 이행하기만 하면 된다.	→	영업전략은 영업기획부서나 영업관리자가 수립하는 것이 아니라, 영업현장을 가장 잘 아는 현장 영업사원이 주도적으로 수립해야 한다.
영업전략 수립에는 현장에서 다양한 정보를 수집하는 것보다 수집된 정보를 분석하고 시사점을 찾는 기획 역량이 더 중요하다.	→	영업전략 수립에는 기획 역량보다 호기심을 가지고 손발로 뛰어 현장에서 다양한 정보를 수집하는 정보 수집 역량이 더 중요하다.
영업전략은 일 년에 한 번 정기적으로 수립하는 것이므로 이때 완벽하게 수립하고 이후에는 수정하지 않는 것이 바람직하다.	→	영업전략은 전략 수립 이후에도 현장 영업 환경 변화에 따라 수시로 유연하게 수정하는 것이 필요하다.

제3절 영업에 있어 직관적 사고와 전략적 사고

VUCA 시대의 영업사원에게는 직관적 사고방식보다 전략적 사고 방식이 필요하다. 이 시대에 맞는 효과적인 영업은 급박한 영업현장에서 부딪히는 다양한 문제를 주도적으로 해결하는 것이다. 문제에 직면한 영업사원이 영업관리자나 영업본부 지원부서 직원에게 지원 요청을 보내고, 기다리다가 답을 받아서 실행하기에는 대처가 늦을 수밖에 없고, 또 현장의 상황을 정확히 파악하지 못한 직원들이 영업사원보다 더 좋은 해결책을 제시하기도 어렵기 때문이다. 이를 위해서는 지금까지 자신의 경험과 감에 의존하여 문제를 해결하는 직관적 사고방식을 과감하게 포기하고, 현장에서 수시로 정보를 빠르게 습득하고 이를 문제 해결의 근거로 활용하는 전략적 사고방식에 익숙해져야 한다.

'전략적 사고방식'에는 여러 가지 스킬이 필요한데, 먼저 사고방식이나 태도에 있어 복잡한 문제를 세부 요소로 분류해 그 본질을 파악하고자 하는 '분석력', 호기심을 가지고 외부의 객관적인 정보를 수집해서 이를 판단의 근거로 활용하고자 하는 '정보 지향성', 그리고 분석결과를 해석하고 시사점을 찾으며 관련성이 없어 보이는 사실로부터 패턴과 개념을 추출하는 '종합력' 등이 포함된다.

이에 반해 '직관적 사고방식'이란 자신의 경험에 의존해 직감적으로 떠오르는 생각을 해답으로 제시하는 방법이나 태도를 일컫는다.

직관적 사고방식과 전략적 사고방식이라는 두 가지 문제 해결의 접근방식이 어떻게 다른지 구체적인 사례를 사용하여 살펴보자.

모든 영업조직은 연말이나 연초가 되면 새롭게 시작하는 영업연도의 영업목표를 설정한다. 이때 어떻게 영업목표를 결정하는 것이 바람직할까? 어떤 영업조직에서 내년도 영업목표 결정을 위한 회의를 하는 상황을 가정해 보자. 누군가는 높은 수준의 목표를 제시해야 영업사원들이 긴장감을 가지고 더 열심히 영업을 할 것이니 가급적 높게 영업목표를 잡아야 한다고 주장할 수 있다. 한편 다른 누군가는 영업목표가 너무 높으면 영업사원들이 지레 포기하고 오히려 의욕이 꺾일 수 있으니 가급적 영업목표를 낮게 잡아야 한다고 주장할 수 있다. 또 다른 누군가는 전년도 영업실적을 기준으로 영업목표를 잡는 것이 좋겠다는 의견을 피력할 수 있다. 예를 들어 올해 시장 상황이 좋지 않아서 영업실적 달성에 실패했고, 내년에도 시장 상황이 나아질 기미가 보이지 않으니 차라리 영업목표를 더 낮추자는 의견이다.

이렇게 회의에 참석한 여러 사람들이 다양한 의견을 피력하는 경우, 과연 의사결정은 어떻게 이루어지는가? 실제로 이런 상황은 어떤 조직에서나 충분히 일어날 수 있는 경우이다. 아마도 참석자들 간에 갑론을박하다가 시간이 없으니 다음에 논의하자고 결정을 미루거나, 혹은 다음에 논의하기에는 시간적 여유가 없어 이번 회의에서 반드시 결정해야만 하는 경우에는 회의 참석자들 가운데 가장 직급이 높은 사람이 결정하거나 또는 심지어는 목소리가 큰 사람이 주장하는 의견이 채택될 가능성이 많다.

그런데 여러 참석자들의 이와 같은 다양한 주장들은 비록 나름대로 합리적인 근거를 제시하고 있음에도 불구하고 예외 없이 직관적 사고방식에 따른 주장이라는 공통점이 있다. 즉, 각자가 제시하는 해결책은 객관적인 분석에 근거하지 않고 지금까지 쌓아온 자신들의 경험이나 감에 근거하고 있는 것이다.

그런데 내년도 영업환경이 여러 참석자들이 각자 경험했던 예전의 영업환경과 같을 것이라고는 누구도 장담할 수 없다.

그렇다면 전략적 사고방식으로 문제를 접근한다면 어떻게 해야 할까? 영업목표를 결정하는 이유는 영업사원들에게 영업목표가 제시되었을 때 적극적으로 목표 달성에 매진하겠다는 도전의식을 고취시키기 위해서이다. 따라서 영업목표의 수준은 영업사원들의 도전의식을 극대화하는 수준에서 결정되어야 한다. 그런데 영업사원들의 도전의식이 극대화되는 수준은 영업조직마다, 그리고 영업환경에 따라 다르다. 어떤 영업조직은 영업목표가 높게 설정되면 사원들의 도전의식이 높아지고, 또 다른 영업조직은 영업목표가 낮게 설정되면 오히려 '할 수 있다'는 마음가짐으로 사기가 진작될 수 있다. 또 어떤 영업조직은 영업환경이 우호적일 때 도전의식이 높고, 다른 영업조직은 영업환경이 어려울수록 저돌적으로 달려들기도 한다.

따라서 의사결정을 하기 전에 영업조직을 대상으로 객관적인 조사를 통해 영업목표가 어느 정도일 때 해당 영업조직의 도전의식이 가장 높은지에 대한 정보를 파악해서 그 분석결과를 근거로 내년도 영업목표를 정할 수 있다.

만약 어떤 영업조직에서 영업사원들의 도전의식이 극대화되는 목표의 수준이 최근 영업실적 대비 110% 지점인 것으로 파악되었다고 가정하자. 이때 영업목표가 110%보다 낮게 설정되면 영업사원의 도전의식을 더 끌어올릴 여지가 있고, 110%보다 높게 설정되면 영업사원의 도전의식이 낮아지는 것으로 분석된다면, 해당 영업조직의 경우 영업목표를 110% 지점에서 설정하는 것이 바로 전략적 사고방식에 따른 문제해결 접근 방법이다.

이와 같이 영업조직의 영업목표 수준을 예전의 경험이나 감보다는 객관적인 정보나 사실에 기준을 두어 해결할 때 도움이 되는 경우에는 전략적 사고방식이 더 바람직하다.

또한 직관적 사고방식을 따를 경우, '영업목표 수준을 어느 지점에서 결정할 것인가'라는 결과에 집중하지만, 전략적 사고방식을 따를 경우 '영업목표 수준을 어떤 방식으로 결정할 것인가'라는 과정에 집중하기 때문에 회의 참석자들 간에 갑론을박이 벌어질 가능성이 줄어든다. 일단 참석자들 간에 어떻게 영업목표를 정할지에 대한 방법이 정해지면 이를 근거로 객관적인 정보를 수립하고 이를 토대로 구체적인 목표 수준이 정해질 것이기 때문이다.

영업사원들에게 있어 '영업목표 달성'은 지상 최대의 과제이다. 영업사원들은 이에 대한 해결책을 마련하기 위해 오로지 근무시간 중에만 고민하는 것이 아니다. 하루 24시간 내내 끊임없이 영업목표 달성을 위해 고민한다. 그런데 정작 이들이 전략적 사고방식에 따라 나름의 전략을 수립해서 실행하는 것은 좀처럼 보기 어렵다. 여기에는 사실 다양한 이유가 있다.

첫째, 영업사원 각자가 어떤 방향으로 영업을 해야 할지 영업조직으로부터 제시되는 방향성이 없거나 또는 있더라도 불분명하기 때문이다.

둘째, 영업사원들이 취할 수 있는 다양한 대안들이 어떤 것들이 있는지 잘 모르기 때문이고, 셋째, 그 대안들 가운데 어떤 대안이 가장 적합한 방안인지, 그리고 어떻게 객관적으로 분석을 할 것인지 파악하지 못하며, 시간에 쫓기는 입장에서 당장 의사결정을 하려고 하다 보니 객관적인 분석에 의존하지 않고 예전 그대로의 방식을 따르기 때문이다.

넷째, 영업전략을 구현하기 위한 실행계획이 없어 무엇부터 어떻게 실행할지 막막하기 때문이며, 마지막으로 전략과 계획은 잘 수립했는데 이후에 다른 중요한 부차적인 문제가 생겨 영업전략을 꾸준히 실행하지 못하게 되는 경우이다.

결국 이러한 다양한 이유들을 제거한다면 영업사원들은 영업전략을 보다 쉽게 수립하여 자신들의 영업목표 달성에 활용할 것이다. 이 책에서 제시하는 영업전략 수립 다섯 단계 프로세스는 이러한 다양한 장애물들을 차근차근 제거함으로써 영업사원들로 하여금 영업의 방향성을 분명히 하고, 자신들이 취할 수 있는 대안들을 살펴보고, 어떠한 대안이 가장 적합한지 객관적 근거를 통해 확인할 수 있도록 한다. 또한 이렇게 선택된 최적의 대안을 상세한 실행계획으로 구체화하여 궁극적으로 영업사원들의 영업목표 달성에 도움을 주고자 한다.

✍ 현장 영업에서 영업전략 수립의 중요성

1	영업지식 교육, 영업스킬 훈련, 영업마인드 함양에 집중하는 전통적인 영업 교육과 훈련 방식은 변동성이 심하고 불확실하며, 복잡하고 모호한 최근의 영업환경에서 그 효과에 한계를 보이고 있다.
2	최근의 영업환경에서는 예전의 경험이나 감에 의한 직관적 사고방식보다 객관적인 정보나 사실에 근거한 전략적 사고방식에 의한 문제해결이 영업목표 달성에 더 효과적이다.
3	그럼에도 불구하고 영업 현장에서 영업사원들이 영업목표 달성에 대한 고민은 더 많아졌으나, 전략적 사고방식에 따라 나름의 영업전략을 수립해서 이를 실행하는 것을 좀처럼 보기 어렵다.

제2장

영업전략 수립 다섯 단계 프로세스

제1절   출근길 대중교통수단 선택에 있어 의사결정의 흐름

아침에 사무실에 출근하기 위해 대중교통수단을 선택하는 것도 우리의 전략적 의사결정의 결과이다. 누구나 아침에 일어나면 가장 먼저 현재 시각을 확인한다.

"지금 몇 시지? 8시 15분이네." 그다음 머릿속에서 '오늘 광화문에 있는 사무실로 8시 50분까지 출근해야 하는데…'라는 생각을 하는 순간 '이러다가 늦겠는데…'라는 결론으로 이어진다. 만약 오늘은 수학능력평가일이라서 출근 시간이 10시로 1시간 늦춰졌다는 것을 확인한다면 '이러다가 늦겠는데…'가 아니라 '천천히 일어나 평소대로 준비하면 되겠네'라는 생각을 할 수도 있다. 그런데 안타깝게도 오늘이 어제와 같은 보통의 하루라면 곧바로 '어떤 교통수단을 이용할까?'라는 고민으로 이어진다. 만약 늦잠을 자지 않은 상황이라면 우리는 늘 이용하던 교통수단을 거의 무의식적으로 선택하게 된다. 그런데 오늘은 늦잠을 잔 상황이다. 아주 짧은 시간 안에 최적의 교통수단에 대한 다양한 대안이 떠오른다.

'평소와 같이 버스를 탈까, 평소 잘 이용하지는 않던 지하철을 모처럼 이용할까, 택시를 탈까, 아니면 내 차를 몰고 갈까?' 그리고는 바로 '오늘은 지하철을 타고 가야겠다'라는 결정을 내렸다.

그렇다면 나는 왜 지하철을 타는 선택을 하게 되었을까? 여기에는 여러 가지 이유가 있다. 예를 들어 비가 오는 상황이다. '출근 시간에 비가 오니 올림픽대로가 많이 막힐 것이다', '지난달 집 앞에 지하철역이 생겼다', '신설 지하철 노선이라 많이 붐비지 않는다', '지난주 차가 고장이 나서 카센터에 맡겨두고 아직 찾아오지 않았다', '월급날이 얼마 남지 않아 용돈이 거의 없어 택시 탈 엄두가 나지 않는다' 등등.

반드시 제시간 안에 도착해야 하는 이유에도 여러 가지가 있다. '회사에서 지난주부터 직원들의 출근 시간을 타이트하게 관리하고 있다', '요즘 부장님의 심기가 불편하다', 등 다양한 이유가 꼬리에 꼬리를 물고서 생각이 난다.

그런데 자세히 살펴보면 '오늘은 지하철을 타고 가야겠다'라는 결정을 내리게 된 이러한 다양한 이유들은 부지불식간에 이루어진 각종 분석을 통해 나온 것이다. 내가 고려한 다양한 이유들 가운데 '아침에 비가 온다'는 점과 '지난달 집 앞에 지하철역이 생겼다'라는 '주변 여건 내지 외부환경에 대한 정보'를 바탕으로 '비가 오니 가까이 생긴 지하철을 타는 것이 안전하고 정확하다'는 시사점을 얻은 것이다.

다음으로 '아침 출근 시간에 비가 오니까 올림픽대로가 많이 막힐 것이다'라는 점과 '신설 지하철 노선이라 아직 지하철은 많이 붐비지 않을 것이다'라는 것은 아침 정시 출근이라는 목표를 가지고 우리 집 근처에서 광화문 방면으로 나와 동일한 시간대에 이동하는 〈나의 경쟁자들의 동향에 대한 정보〉이고, 이러한 정보에 대한 분석결과, '출근 시간대에 광화문으로 가는 차들의 교통량이 많아 버스는 좋은 선택이 아니겠다'는 시사점을 얻은 것이다.

마찬가지로 '회사에서 지난주부터 직원들의 출근 시간을 타이트하게 관리하고 있다'는 점과 '요즘 부장님의 심기가 불편하다'는 것은 나의 정시 출근 여부를 평가하는 대상, 즉 〈나의 고객인 나의 회사와 상사의 관심사항 내지 니즈〉에 해당하며, 이에 대한 분석결과, '무슨 일이 있더라도 오늘만은 어쨌든 정시에 회사에 도착해야 한다'는 시사점을 얻을 수 있다.

마지막으로 '지난주 차가 고장이 나서 카센터에 맡겨두고 아직 찾아오지 않았다'는 것과 '월급날이 얼마 남지 않아 용돈이 거의 없어 택시 탈 엄두가 나지 않는다'는 것은 바로 〈현재의 처지 내지 가용 자원에 대한 정보〉이고, 이러한 정보에 대한 분석결과, '택시와 자가용은 오늘 어떤 교통수단을 이용할 것인지 고민하는 데 있어 아예 고려 대상이 되지 않겠다'는 시사점을 얻을 수 있다.

결국 지하철을 타기로 선택한 것은 아무 생각 없이 나의 직감에 의해 이루어진 것이 아닌, 비록 아주 짧은 순간이지만 주변 여건, 경쟁자, 고객 그리고 자신에 대한 다양한 정보를 고려하여 그 분석을 토대로 한 합리적 선택의 결과인 것이다. 이러한 점에서 오늘 아침 출근길 교통수단으로 지하철을 선택한 것은 전략적 사고방식에 따른 의사결정이다. 이 흐름을 정리하면 다음과 같다.

내가 고려한 이유들	시사점	각종 분석	
아침에 비가 온다. 지난달에 집 주변에 새로운 지하철역이 생겼다.	"비도 오는데, 우리 집에선 지하철역이 가깝잖아." →	주변여건에 대한 분석	
출근 시간에 비가 오니까 도로가 많이 막힐 것이다.신설 노선이라 아직 지하철은 많이 붐비지 않을 것이다.	"출근길이 복잡해서 버스는 평소보다 시간이 더 걸리겠지?" →	경쟁자에 대한 분석	**대안** 지하철을 탄다
회사에서 직원들 출근 시간을 타이트하게 관리한다. 요즘 부장님의 심기가 불편하다.	"어쨌든 정시에 회사에 도착해야 하는데…" →	고객에 대한 분석	
지난주 차가 고장이 나서 아직 카센터에 있다. 용돈이 거의 없어 택시 탈 엄두가 나지 않는다.	"그렇다고 택시와 자가용은 안되겠고…." →	나에 대한 분석	

지금까지 우리가 특정한 날 출근길 교통수단으로 지하철을 선택하는 의사결정의 흐름을 살펴보았다. 이제 이러한 의사결정의 과정을 각 단계별로 정리해 보자.

전략적 의사결정의 첫 번째 단계는 '**현재 상황에 대한 인식**'이다. '8시 15분이다. 늦었다'라는 것은 현재 상황을 파악하는 단계이다. 기상 시간이 평소보다 늦었기 때문에 우리는 출근길 최적의 교통수단에 대한 고민을 하기 시작한다. 만약 평소보다 이른 시각에 기상했다면 출근길 교통수단에 대해 고민할 필요가 없다. 결국 모든 전략적 의사결정은 현재 상황에 대한 인식으로부터 시작한다.

전략적 의사결정의 다음 두 번째 단계는 '**달성해야 하는 목표를 파악하는 것**'이다. '오늘 광화문에 있는 사무실로 8시 50분까지 출근해야 한다'는 것을 인식하는 단계인데 이는 전략적 의사결정에 있어 달성해야 하는 목표를 파악하는 것에 해당한다. 만약 앞에서 살펴본 바와 같이 오늘이 전국적인 수학능력평가일이라서 출근 시간이 평소 9시에서 10시로 늦춰졌다면 출근길 교통수단 선택에 대해 고민할 필요도 없이 평소 이용하는 교통수단을 이용할 수 있다.

전략적 의사결정의 세 번째 단계는 '**대안을 나열하는 것**'이다. 아침 출근길 교통수단으로 버스, 지하철, 택시 또는 자가용 등 선택 가능한 다양한 교통수단들을 빠짐없이 나열하는 것이 이 단계에 해당한다.

전략적 의사결정의 네 번째 단계는 '**각종 분석을 실시하는 것**'이다. 대안들을 나열한 후 '주변 여건, 경쟁자, 고객 그리고 나 자신'이라는 네 개의 카테고리에 대하여 최적안을 선택하기 위한 중요한 정보를 파악하고 이를 정리해서 시사점을 뽑는 것이 이 단계에 해당한다.

여기에서 '주변 여건'이란 경쟁자, 고객, 그리고 나를 둘러싼 외부 환경으로 경쟁자, 고객 또는 나와는 상관없이 독립적으로 존재하는 변수를 의미한다. '아침에 비가 온다' 또는 '집 앞에 지하철역이 생겼다'는 사실 등이 주변 여건에 해당한다.

다음으로 '경쟁자'란 나와 동일한 외부환경의 영향을 받으면서 나와 동일한 목표 달성을 위해 노력하는 자들을 의미한다. 출근길 교통수단 선택의 사례에서는 집 근처에서 사무실이 있는 광화문까지 나와 동일한 시간대에 여러 가지 교통수단을 이용하여 출근하는 사람들 모두가 나의 경쟁자들에 해당한다.

'고객'은 나의 목표 달성 여부를 결정하는 자를 의미한다. 앞선 사례에서는 '정시 출근'이라는 목표 설정 내지, 나의 목표 달성에 큰 영향을 미치는 '회사의 방침' 또는 상사인 '부장님의 요즘 심기' 등이 바로 고객에 대한 중요한 정보이다.

전략적 의사결정의 마지막 다섯 번째 단계는 **'분석결과에 근거하여 각종 대안들을 평가하여 최적의 방안을 선택하는 것'**이다. 네 번째 단계에서 수행한 각종 분석결과를 고려하면 버스, 택시 또는 자가용을 이용하는 것보다 '지하철을 이용하는 것이 좋겠다'는 것이 논리적이고 합리적인 의사결정의 결과이다.

이로써 아침 출근길에 지하철이라는 교통수단을 선택하는 의사결정은 아주 빠른 시간에 이루어졌음에도 1단계 현재 상황에 대한 인식, 2단계 달성 목표에 대한 파악, 3단계 대안의 나열, 4단계 각종 분석 실시, 그리고 5단계 최적의 방안을 선택하는 총 다섯 단계의 일련의 작업들을 통해 이루어진다는 것을 알 수 있다. 이러한 의사결정 과정을 정리하면 다음과 같다.

1단계	현재 상황에서	지금 몇 시지? 8시 15분이다. 늦었다.	
2단계	목표 달성을 위하여	8시 50분까지 광화문 사무실로 출근해야 한다.	
3단계	대안을 고민하고	무엇을 타고 갈까? 버스, 지하철, 택시, 아니면 자가용?	
4단계	각종 분석을 통하여	비도 오는데, 우리 집에선 지하철역이 가깝잖아.	주변 여건에 대한 분석
		출근길이 복잡해서 버스는 평소보다 시간이 더 걸릴 수도 있겠지?	경쟁자에 대한 분석
		어쨌든 정시에 회사에 도착해야 하는데….	고객에 대한 분석
		그렇다고 택시와 자가용은 안되겠고….	나 자신에 대한 분석
5단계	최적의 방안을 선택	비도 오는데 정시 도착을 위해 안전하게 지하철을 타고 출근하자!	

제2절 영업전략 수립 다섯 단계 프로세스의 도출

　지금까지 우리는 아침 출근길에 어떤 교통수단을 이용할지 선택하는 데 있어서도 다섯 단계의 과정을 통해 의사결정이 이루어진다는 것을 살펴보았다.

　영업사원의 영업전략 결정도 현재 상황에서 목표 달성을 위하여 대안들을 고민하고 각종 분석을 통하여 최적의 방안을 선택하는 것이라는 점에서 위의 사례와 상당히 유사하다. 이제 영업전략 수립의 다섯 단계 프로세스를 보다 개략적으로 살펴보자.

　1단계는 **'현재 상황에 대해 파악하는 단계'**이다.

　이는 영업사원이 영업전략 수립을 고민하는 바로 그 시점에서 자신의 영업실적을 파악하는 것이다. 이때의 시점은 대부분 올해 영업을 마무리하고 내년도 영업을 준비하는 연말 또는 연초이다. 즉, 연말 또는 연초에 영업본부 차원에서 다음 영업연도 영업본부 목표가 정해지고 영업부서 내지 영업사원 단위로 부서별 또는 개인별 영업목표가 정해지면 영업사원은 자연스럽게 이러한 목표 달성을 위한 자신의 영업전략에 대해 고민하게 된다. 이 시점을 반드시 연말 또는 연초에 국한할 필요는 없다. 실제로 영업연도가 시작되고 영업실적을 쌓아가고 있는 동안에도 영업사원은 수시로 자신의 실적을 돌아보고 해당 시점에서 목표 달성을 위한 다양한 방안에 대해 고민하기 때문이다.

영업사원이 전략 수립을 고민하는 바로 그 시점에서 파악해야 하는 영업실적이란 매출액, 매출물량, 영업이익액, 영업이익률 등 다양한 각도에서 설정된 목표치 대비 실적을 의미한다. 예를 들어 영업사원이 영업연도 개시 6개월이 지난 시점에서 '2023년 6월 말 현재 나의 매출액은 300억 원으로, 목표 달성률은 올해 매출 목표액 1,000억 원 대비 30%에 불과하다'고 파악할 수 있는데, 이러한 것이 바로 현재 상황에 대한 인식에 해당한다.

2단계는 '**달성 목표에 대한 설정**'이다. 만약 영업사원이 연말 또는 연초에 내년도 영업전략 수립을 고민하고 있다면 먼저 자신에게 주어진 내년도 영업목표가 어느 정도인지 살펴보는 것이 영업사원이 해야 하는 가장 일차적인 작업이다.

의욕적인 영업사원이라면 회사에서 단순히 배정하는 영업목표보다 더 높은 의욕적인 수준의 목표를 설정할 수도 있다. 예를 들어 영업사원이 영업연도 개시 6개월이 지난 시점에서 올해 자신의 영업목표 수준을 다시 한번 살펴보고 '나의 올해 매출 목표액은 1,000억 원이니까, 100% 목표 달성을 위해서는 남은 6개월간 700억 원의 매출을 올려야겠다'고 확인하는 것이 바로 2단계에서 영업사원이 해야 하는 작업이다.

3단계는 '**각종 대안을 고민하는 단계**'이다. 이 단계에서 영업사원이 고려할 수 있는 대안들은 여러 경우에 따라 다양하다. 예를 들어 대부분의 영업실적이 신규 고객들보다는 기존 고객들의 반복적인 구매로부터 발생하는 경우, 당연히 영업사원들은 일차적으로 기존 고객들을 대상으로 하는 영업실적을 어떻게 하면 더 늘릴 수 있을지 고민하게 된다. 이때 기존 고객들의 영업실적을 늘리기 위해서 제품의 단가를 인상하는 것이 효과적일지, 또는 고객이 구매하는 빈도수 즉, 구매 횟수를 더 늘리는 데 주력하는 것이 효과적일지 두 가지 대안을 놓고 고민할 수 있다.

혹은 꾸준히 새로운 제품을 개발하여 기존 고객들에게 소개해 판매하는 제품의 수를 늘리는 대안에 대해 고민할 수도 있다.

또는 온라인과 오프라인 등 다양한 영업 채널을 동시에 활용하는 영업의 경우 온라인 영업 채널에 집중할 것인지 또는 오프라인 영업 채널에 집중할 것인지, 또는 기존 영업 채널을 유지 강화할 것인지, 신규 영업 채널을 발굴할 것인지 등 영업사원들은 각자의 영업 특성에 따라 다양한 대안을 고민하게 된다. 예를 들어 홈쇼핑 회사에서 가전제품 카테고리에 있는 제품들의 기획과 판매를 담당하는 MD의 경우, 지금까지 매출의 상당 부분을 의존하고 있던 주력 제품의 강점을 보완해서 기존 제품 기획 및 관리에 더 집중해야 할지 혹은 신규 제품을 개발해서 시장에 출시해야 할지가 가장 큰 고민일 수 있다. 또는 원가 경쟁력을 갖춘 국내 우수 협력사에서 제조한 제품을 독점적으로 납품받아서 우리 회사 자체의 브랜드를 입혀 단독으로 판매할지 또는 다른 경쟁사들과 마찬가지로 해외의 명품 브랜드 제품을 발굴해서 위탁 판매할지 등의 대안을 놓고 고민할 수도 있다.

대안을 나열하는 단계에서 주목할 점은 어떤 대안이 더 좋다고 성급하게 판단할 것이 아니라, 현장 영업사원의 입장에서 현실적으로 고민하는 대안들을 자유롭게 쏟아내는 것이 중요하다. 오히려 위험한 것은 영업사원들이 대안 없이 과거부터 해 오던 영업 방향 혹은 회사에서 정한 방침만을 별다른 고민 없이 관성에 따라 기계적으로 실행하는 것이다.

4단계는 '**시장과 경쟁사 그리고 고객과 나 자신에 대한 각종 분석을 실시**'하는 것이다. 홈쇼핑 회사에서 가전제품 카테고리 제품들의 영업을 담당하는 MD의 경우, '이번 여름은 무더위가 예년보다 오래 지속될 전망이고, 정부의 전기요금 누진제 완화의 영향으로 전기세가 싸져서 에어컨 판매가 늘 것으로 예상하는 것'이 시장 환경 내지 시장 트렌드에 대한 분석의 예시이다. 또한 'A 경쟁사는 중국 협력사를 통해 무풍 스탠드형 에어컨을 자체 개발한 브랜드로 새롭게 출시했고, B 경쟁사는 고가의 해외 명품 에어컨 기획전을 구상 중인 것'이 경쟁사 동향을 분석한 예시이며, '고객들은 설치가 간단하고 가성비 높은 소형 가전을 선호하는 트렌드를 따라가고, 협력사는 이동식 에어컨 재고 물량의 소진을 원하고 있는 것'이 고객의 니즈에 대한 분석의 예시이다. 또한 '영업 경력 5년 차 대리로서, 지금까지 대부분의 시간을 핵심 협력사 관리에 사용했으며, 별도의 시장 트렌드 조사 여력은 없지만, 우리 회사만의 독자적인 브랜드 개발 및 제품기획 역량은 남들보다 강하다는 것'은 영업사원 개인의 핵심역량에 대한 분석의 예시이다.

5단계는 4단계에서 실시한 다양한 분석결과에 근거해 3단계에서 나열한 여러 대안들을 평가한 뒤 이들 가운데 **최적의 방안을 선택**하는 것이다. 예를 들어 4단계 분석을 통해 홈쇼핑 회사 가전제품 카테고리 담당 MD는 기존 제품 관리보다는 신규 제품 출시를, 그리고 해외 유명 브랜드 제품의 경쟁사와의 병행 판매보다는 자체 브랜드를 개발하여 해당 회사만의 단독 판매라는 대안을 최적안으로 선택하고, '주요 협력사와의 긴밀한 협조하에 이동식 에어컨 자체 개발 브랜드 제품을 당사 단독으로 출시하여 이번 여름 비수기 시즌 매출을 작년에 비해 30% 포인트 이상 증대해 500억 원 이상의 매출액 실적을 거두자'는 최적의 방안을 결정할 수 있다. 이것이 바로 현장 영업사원이 수립한 영업전략이 되는 것이다.

지금까지 살펴본 영업전략 수립의 다섯 단계 프로세스를 개략적으로 정리하면 다음과 같다.

1단계	현재 상황에서	나의 2023년 6월 말 현재 매출은 300억 원으로 목표 달성률은 30%에 불과하다.
2단계	목표 달성을 위하여	나의 올해 매출 목표는 1,000억 원이니까, 100% 목표 달성을 위해 남은 6개월간 700억 원 매출을 올려야 한다.
3단계	대안을 고민하고	현재 제품 포트폴리오에서 기존 상품 관리에 집중해야 할까? 또는 신규상품 발굴에 주력해야 할까? 경쟁사에서도 판매하는 경쟁 제품 판매에 주력해야 할까? 또는 우리 회사 자체 브랜드를 개발하여 단독으로 판매하는 제품 기획에 집중해야 할까?
4단계	각종 분석을 통하여	[시장환경에 대한 분석] 이번 여름은 무더위가 예년보다 오래 지속될 전망이고, 정부의 전기요금 누진제 완화로 전기세가 싸져서 에어컨 판매가 늘 것 같은데…. [경쟁사에 대한 분석] A 경쟁사는 중국협력사를 통해 무풍 스탠드형 에어컨 PB상품을 출시했고, B 경쟁사는 고가의 해외명품 에어컨 기획전을 연다던데…. [고객에 대한 분석] 고객들은 설치가 간단하고 가성비 높은 소형 가전을 원하고, 협력사는 이동식 에어컨 재고물량 소진을 원하고…. [영업사원에 대한 분석] 영업경력 5년 차 대리로서, 대부분의 시간을 핵심 협력사 관리에 사용하며, 별도의 시장 트렌드 조사 여력은 없지만, 당사 브랜드 단독제품 기획역량은 강한데….
5단계	최적의 방안을 선택	주요 협력사와의 긴밀한 협조 하에 이동식 에어컨 PB상품을 신규로 단독 출시하여 이번 여름 비수기 시즌 매출을 30% 포인트 이상 증대함으로써 500억 원 이상의 매출액 실적 달성에 기여하자.

영업사원이 영업전략을 수립하는 것도 우리가 매일 아침 출근길 교통수단을 선택하는 것처럼 평소에 영업현장에서 수시로 해야 하는

작업이며, 현장에 있는 영업사원이라면 누구나 적절한 훈련을 통해 익혀서 충분히 현장에서 활용할 수 있는 작업이다. 실제로 많은 영업사원들이 영업현장에서 발생하는 다양한 이슈들을 해결하는 데 있어 현장의 각종 정보를 취합, 분석해서 논리적으로 결론을 내리고 있다.

다만 이들은 의사결정의 과정을 전략적 사고방식에 따라 작업을 하기보다 지금까지 자신들의 경험이나 감에 의존하여 직관적 사고방식에 의존하는 경우가 더 많았다. 지금부터라도 영업사원들이 이러한 일련의 작업들을 전략적인 다섯 단계의 프로세스를 거쳐 보다 구조화해서 체계적으로 훈련한다면 영업목표를 달성하는 데 더 큰 기여를 하게 될 것이다. 다음 장에서는 이러한 영업전략 수립 다섯 단계 프로세스에 대해 각 단계별로 하나씩 구체적으로 살펴보고자 한다.

영업전략 수립 다섯 단계 프로세스

목표와 실적을 비교하여	대안을 마련한 후	각종 분석을 통해	전략을 세우고	실행한다
		3-1단계 시장의 매력도를 평가한다		
1단계 갭을 파악한다 →	2단계 전략적 대안을 나열한다 →	3-2단계 경쟁사 위협정도를 파악한다 →	4단계 최적 방안을 선택하고 상세 전략을 수립한다 →	5단계 액션플랜을 작성하고 영업전략을 실행한다
		3-3단계 고객의 니즈를 포착한다		
		3-4단계 나의 핵심역량과 가용자원을 점검한다		

✧ 영업전략 수립 다섯 단계 프로세스

1 오늘 아침 평소와는 달리 늦게 일어나서 출근길에 이용할 대중교통 수단을 선택하는 것은 아무 생각없이 이루어진 것이 아니고 전략적 사고방식에 따른 합리적 의사결정의 결과이다.

2 영업전략 수립은 어려운 작업이 아니며, 출근길 교통수단 선택처럼 영업사원이 평소에 영업현장에서 수시로 해야 하는 작업으로, 누구나 수립 프로세스를 익히면 충분히 현장에서 활용할 수 있다.

3 영업전략 수립은 목표와 실적을 비교하여 그 갭을 파악하고 전략적 대안을 나열한 후 객관적정보를 수집하고 이를 토대로 최적방안을 선택하여 액션플랜에 따라 실행하는 다섯 단계 프로세스에 따른다.

제3장

[1단계] 갭 파악

제1절 영업전략 수립에 있어 갭 파악의 중요성

영업전략 수립 다섯 단계 프로세스의 첫 번째 단계는 영업목표와 영업실적을 비교하여 그 갭을 파악하는 것이다. 먼저 '전략'은 수립 그 자체에 의미가 있는 것이 아니라 무언가를 달성하기 위한 수단으로서 존재한다. 따라서 전략 그 자체로서의 우수함을 평가하는 것은 아무 의미가 없다. 달성해야 하는 무엇인가가 먼저 정해지고, 전략 수립은 이것을 달성하기 위한 수단으로서 사용될 때 비로소 그 의미가 있다. 이런 의미에서 전략은 독립변수가 아니라 달성해야 하는 무엇인가에 따르는 '종속변수'이다. 달성해야 하는 무엇인가와 관련해서 특정 전략이 최적의 방안이라고 판단된다면 그 전략은 우수한 전략이고, 아무리 그럴듯해 보이는 전략이라도 그 무엇인가를 달성하는 것과 거리가 먼 방안이라고 판단된다면 그 전략은 무용지물이 된다. 따라서 전략 수립의 첫 단계는 전략 수립을 통해 달성하고자 하는 **그 무엇을 파악하는 것**이다. 특별히 영업전략 수립과 관련하여 파악해야 하는 그 '무엇'이란 바로 영업목표와 영업실적 간의 차이, 즉 '갭Gap'이다.

영업목표 또는 희망하는 영업실적

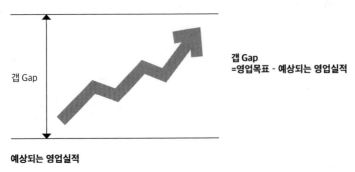

갭 Gap

갭 Gap
=영업목표 - 예상되는 영업실적

예상되는 영업실적

영업사원들에게 영업전략 수립은 일종의 문제 해결 과정이다. 영업사원들이 일정 기간 내에 달성해야 하는 영업목표와 그 기간 동안 예상되는 영업실적 간에는 항상 차이가 있게 마련이다. 영업사원들에게 있어 목표 관리 또는 실적 관리의 의미는 결국 어떻게 하면 영업목표와 영업실적 간의 차이를 좁혀서 궁극적으로 주어진 영업목표를 달성할 수 있을지 해결책을 찾고 이를 실행하는 과정인 것이다. 결국 영업전략 수립은 '문제 해결에 이르는 과정'이다.

일반적으로 우리가 문제를 해결하기 위해서는 먼저 '문제가 무엇인지' 정의하고 그 다음 해결 방안을 모색해야 한다. 수험생이 시험 문제를 풀 때도 문제를 대충 훑어보고 바로 답을 구하기보다 두 번 세 번 문제를 꼼꼼히 읽어보는 것이 더 좋은 결과를 얻을 수 있는 것과 마찬가지이다. 문제를 제대로 이해하면 비록 풀이 과정이 완벽하지 않더라도 부분점수까지는 받을 수 있지만, 문제를 잘못 이해하고 엉뚱한 답을 제시하면 부분점수조차 받을 수 없기 때문이다. 이런 점에서 문제 해결에 있어 '해결 과정' 그 자체보다는 '문제 정의 과정'이 더 중요하다.

알버트 아인슈타인Albert Einstein도 **"나에게 한 시간이라는 시간이 주어진다면 문제가 무엇인지 파악하는 데 55분의 시간을 쓰고, 해결책을 찾는 데 나머지 5분의 시간을 쓸 것이다."**라며 문제 정의의 중요성을 역설했다.

영업사원들에게 있어 영업전략 수립이 일종의 '문제 해결' 과정이라면 영업목표와 영업실적 간의 갭을 파악하는 것은 바로 '문제 정의' 과정에 해당한다. 일반적인 문제 해결 과정에 있어 문제 정의가 문제 해결보다 더 중요하듯이, 영업전략 수립에서도 영업목표와 영업실적 간의 갭을 파악하는 문제 정의 단계가 가장 중요하다.

제2절   영업목표와 예상 영업실적과의 비교를 통한 갭 파악

지금부터는 영업사원이 영업전략 수립에 있어 주목해야 하는 영업 목표와 영업실적 간의 갭이 구체적으로 무엇을 의미하는지 아래 표의 사례를 이용하여 살펴보자.

주목해야 할 갭 : 올해 영업목표와 예상 영업실적과의 차이 (단위: 전년도 매출액 = 100)

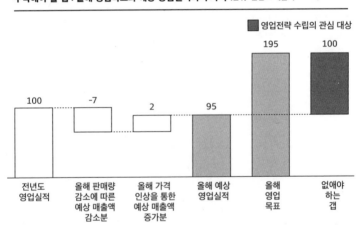

예를 들어 어떤 영업사원이 전년도 매출액을 기준으로 100이라는 영업실적을 거두었는데, 연초에 올해 영업환경을 전망해 보니 불경기로 인해 전반적으로 판매량 감소가 예상되었다. 좀 더 구체적으로 올해 매출액이 전년도 영업실적 대비 7만큼 줄어들 것으로 예상되고, 반면 판매하고 있는 제품의 가격 인상을 통해 전년도 영업실적 대비 매출액이 2만큼 늘어날 것으로 기대되었다. 결과적으로 올해 영업실적은 전년도 영업실적 대비 5정도 줄어든 95로 예상된다. 그런데 만약 영업사원이 올해 희망하는 영업목표를 195로 정한다면 이때 주목해야 하는 갭은 올해 영업목표 195와 전년도 영업실적 100의 차이인 95가 아니라, 올해 영업목표 195와 올해 예상 영업실적 95의 차이인 100인 것이다. 이러한 갭 100을 올해의 각종 영업활동으로 어떻게 줄일 것인지가 바로 영업사원이 해결해야 하는 문제이며 영업전략 수립에 있어 집중해야 할 대상인 것이다.

따라서 갭을 파악하는 단계에서 올해 나의 영업목표를 다시 한번 점검하는 것 못지않게 올해 나의 영업을 둘러싼 다양한 요소들이 나의 영업에 어느 정도의 긍정적 또는 부정적 영향을 미칠지 파악해 예상되는 영업실적을 가급적 객관적으로 추정하는 것이 중요하다.

먼저 영업전략을 수립하는 시점별로 영업연도 시작 직전에 영업전략을 수립하는 경우와 영업 기간 중에 영업전략을 수립하는 경우로 나누어서 각각의 경우 갭을 어떻게 파악해야 하는지 살펴보자. 그리고 이어서 파악해야 하는 영업목표란 구체적으로 무엇을 의미하는지 살펴보자.

1. 영업전략 수립 시점별 갭 파악 방법

영업사원이 영업전략 수립을 고민하는 '현시점'은 영업연도 시작 직전 회사 차원의 영업목표가 전사적으로 정해지고, 각 영업본부별로 영업목표가 차례로 배정된 후 영업사원 개인별로 영업목표가 정해지는 시점이다. 이때 영업사원이 파악해야 하는 갭이란 개인별로 주어지는 영업목표와 해당 영업연도에 자신이 예상하는 영업실적 간의 차이이다. 자신이 예상하는 영업실적의 수준은 최근의 영업실적뿐만 아니라 각종 영업활동의 성과와 올해 영업환경이 자신의 영업에 미칠 영향 등을 종합적으로 고려하여 자신이 합리적으로 예상할 때 기대되는 영업실적의 수준을 의미한다.

예를 들어 이번 연도 회사의 영업목표가 매출액 기준으로 작년 실적 금액 2조 원 대비 10% 더 높은 2조 2,000억 원 수준으로 결정되었다고 해보자. 따라서 영업사원인 나의 영업목표도 작년의 매출액 1,000억 원에 비해 10% 더 높은 1,100억 원으로 정해졌다. 또한 최근까지 나는 매출액 1,000억 원의 영업성과를 거두었으며, 올해에도 예년처럼 영업활동을 할 경우 특별한 이변이 없다면 기대되는 영업실적이 매출액 기준 1,050억 원 수준으로 예상된다. 이때 내가 특별히 주목하고 고민해야 하는 것은 영업목표 1,100억 원이 아닌, 영업목표 1,100억 원과 예상 영업실적 1,050억 원과의 차이인 50억 원이다. 올해에도 예전과 동일한 영업활동의 강도로 영업목표 1,100억 원을 달성할 수 있다면 영업목표와 예상 영업실적 간에 차이가 없기 때문에 특별히 올해의 영업전략을 고민할 필요가 없다. 문제는 바로 영업목표와 예상 영업실적 간에 50억 원의 갭이 있기 때문에 이 차이를 없애기 위한 특별한 방안, 즉 영업전략이 필요한 것이다. 영업사원의 입장에서 예전에 자신이 하던 활동으로는 50억 원의 갭을 없애기가 어렵다고 판단되기 때문에 올해 영업전략 수립을 통해 이 50억 원의 갭을 줄이기 위한 특별한 방안을 마련해야 하는 것이다.

영업목표 수립시점: 올해 영업연도 개시 직전인 경우

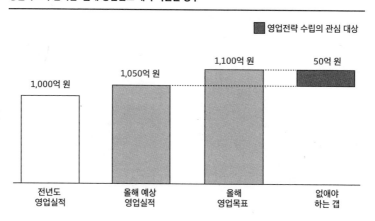

영업사원이 영업전략 수립을 고민하는 현재 시점이 반드시 회사와 개인의 영업목표가 정해지는 연말 또는 연초만은 아니다. 영업연도가 시작되어 영업실적을 꾸준히 쌓아가는 동안에도 영업사원은 수시로 영업목표와 현재의 영업실적을 비교하여 영업연도 말까지 기대하는 영업실적을 예상한다. 그리고 그 갭을 파악하여 남은 영업기간 동안 그 차이를 없애기 위한 다양한 방안에 대해 고민한다. 영업연도 도중 영업사원이 영업전략을 수립하는 경우에도 영업사원이 파악해야 하는 갭이란 영업연도 전에 영업사원이 영업전략을 수립하는 경우와 마찬가지로 영업목표와 연말까지의 예상 영업실적과의 차이라는 점에서 동일하다. 다만, 영업연도 도중에 영업전략을 수립하는 경우, 영업사원은 연말까지 예상되는 영업실적을 계산할 때 영업연도가 시작되고 영업전략을 수립하는 현재 시점까지의 실제 영업실적을 감안한다는 점에서 차이가 있다.

앞서 살펴본 영업사원 사례의 경우 이번 영업연도 영업목표가 매출액 기준 1,100억 원으로 설정되었는데, 영업연도 시작 후 6개월 동안 영업활동을 한 결과, 영업실적이 500억 원이고 향후 남은 6개월의 영업 기간 동안 예상되는 영업실적도 500억 원이라고 가정하면, 이 영업사원의 입장에서 현시점에서 영업전략 수립 또는 수정을 통해 특별히 고민해야 하는 것은 영업목표 1,100억 원과 예상 영업실적 1,000억 원과의 차이인 100억 원의 갭이다. 이 영업사원의 경우 영업연도 시작 시점에서 50억 원의 갭을 고려하여 영업전략을 수립했는데, 이후 6개월의 영업실적을 감안하니 이제 그 갭이 100억 원으로 늘어났으므로 이 영업사원은 영업연도 시작 후 6개월이 경과한 현재 시점에서 늘어난 갭을 없애기 위해 당초 영업전략보다 더 공격적인 영업전략을 고민해야 하는 것이다.

영업목표 수립시점: 올해 영업연도 개시 후 6개월이 경과한 시점인 경우

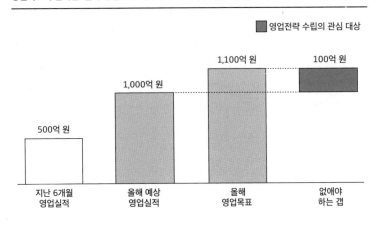

만약 이 영업사원이 영업연도 시작 후 6개월 동안 영업활동을 한 결과, 영업실적이 700억 원이고 향후 남은 6개월의 영업 기간 동안 예상되는 영업실적이 400억 원이라면 현재 시점에서 영업목표 1,100억 원과 예상 영업실적 1,100억 원이 동일하고 갭이 없음으로 이 영업사원의 입장에서 특별히 영업전략을 수정할 필요는 없다. 연초에 수립한 영업전략을 착실히 실행해 나가는 것에만 집중하면 된다.

영업목표 수립시점: 올해 영업연도 개시 후 6개월이 경과한 시점인 경우

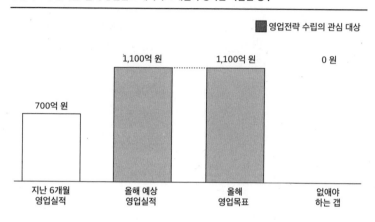

2. 갭 파악에 있어 고려해야 하는 영업목표의 의미

영업전략 수립을 위해 파악해야 하는 영업목표는 일반적으로 회사에서 톱 다운Top-down방식으로 정하여 영업사원에게 배정된다. 이렇게 배정되는 영업목표는 숫자 형태의 양적 지표가 대부분이다. 구체적으로 영업목표는 매출액, 영업이익 등 금액 단위로 주어지는 경우가 많고, 사업의 특성 또는 회사 차원의 영업전략에 따라 제품 판매량, 제품 판매 개수 또는 확보 고객 숫자 등 다양하다.

영업사원은 일차적으로 자신에게 배정된 영업목표를 기준으로, 영업목표의 수준과 예상되는 영업실적을 비교해 갭의 크기를 파악한 후 영업전략 수립을 진행하게 된다.

그런데 현실적으로 영업 부서 단위에서 또는 영업사원 개인적으로 회사의 영업목표를 초과한 영업목표를 자체적으로 설정하고 이에 따라 영업전략을 수립하는 경우가 종종 있다. 이럴 경우, 일차적으로 파악해야 하는 갭은 회사에서 배정한 영업목표와 예상 영업실적과의 차이가 아니라 영업 부서 단위 또는 영업사원 개인적으로 설정하는 영업목표와 예상 영업실적과의 차이이다. 물론 실상은 회사에서 배정하는 영업목표의 수준이 충분히 의욕적으로 높게 설정되는 경우가 많으며, 그래서 영업사원은 회사에서 배정하는 영업목표의 수준을 자신의 영업목표 수준으로 정하여 영업전략을 수립하는 경우가 일반적이다.

예를 들어 올해 회사에서 특정 영업사원에게 1,100억 원의 매출 목표를 배정한 경우와 영업사원이 자체적으로 1,200억 원의 매출 목표를 의욕적으로 설정하는 경우를 살펴보자. 예상 영업실적은 1,050억 원이다. 이때 영업전략 수립에 있어 고려해야 하는 갭은 회사에서 배정한 영업목표 1,100억 원과 예상 영업실적 1,050억 원과의 차이인 50억 원이 아니라 영업사원이 자체적으로 설정한 영업목표인 1,200억 원과 예상 영업실적 1,050억 원과의 차이인 150억 원이다. 이때 영업사원이 고려해야 하는 대안들은 50억 원의 갭을 없애기 위한 방어적인 방안들이 아니라 150억 원의 갭을 없애기 위한 공격적인 방안들이 될 것이다.

영업목표 수립시점: 올해 영업연도 개시 직전인 경우

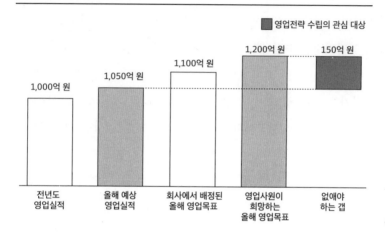

제3절　갭의 크기에 따른 영업전략의 방향성 결정

지금까지 영업사원이 영업전략 수립에 있어 영업연도 시작 직전에, 또는 영업연도 시작 이후에 자신의 영업목표와 예상 영업실적과의 차이, 즉 갭을 어떻게 파악하는지 살펴보았다. 그리고 갭 파악에 있어 설정해야 하는 영업목표는 대부분 회사에서 배정한 영업목표를 사용하는 경우가 일반적이지만, 예외적으로 영업사원이 의욕적인 수준의 영업목표를 자체적으로 정하는 경우, 영업사원이 설정하는 영업목표를 기준으로 갭을 파악해야 한다는 점을 강조하였다.

이렇게 영업목표를 점검하고 예상 영업실적을 추정하여 갭의 크기를 파악하게 되면 갭의 크고 작음에 따라 영업사원이 고려하게 되는 전략 수립을 위한 대안들이 달라진다. 영업목표와 예상 영업실적과의 갭이 큰 경우, 영업사원은 공격적인 영업전략 사용을 고려하게 되고, 영업목표와 예상 영업실적과의 갭이 작은 경우 영업사원은 방어적인 영업전략 사용을 고려하게 된다.

1. 갭이 큰 경우 공격적인 영업전략 구사

먼저 예상되는 영업실적이 동일한 상태에서 영업목표가 높게 설정되면 예상 영업실적과의 갭의 크기가 크기 때문에 영업사원은 공격적인 영업전략 사용을 적극적으로 고려해야 한다. 예를 들어 영업사원이 올해 영업연도 영업실적을 1,050억 원으로 예상하는 경우, 영업사원 개인에게 배정되는 영업목표가 작년에 비해 대폭 증가하여 1,200억 원으로 결정되었다면 영업목표와 예상 영업실적과의 갭은 150억 원으로, 영업사원의 영업목표가 1,100억 원으로 비교적 낮은 수준에서 배정되는 경우의 50억 원 갭에 비해 상대적으로 크기 때문에 공격적인 영업전략을 구사하게 된다.

회사에서 영업사원 개인에게 배정되는 영업목표가 예를 들어 1,100억 원으로 비교적 낮더라도 영업부서 차원에서 또는 영업사원 자체적으로 영업목표를 1,200억 원으로 높게 설정하는 경우, 회사에서 영업목표를 높게 배정하는 경우와 마찬가지로 영업사원은 150억 원의 갭을 없애기 위한 공격적인 방안을 고려해야 한다.

회사에서 배정되거나 영업사원이 자체적으로 정하는 영업목표의 절대적 수준은 1,100억 원으로 전년도 영업실적 1,000억 원에 비해 그렇게 높은 수준이 아니지만 올해 영업연도의 영업환경이 너무 비관적으로 전망되어 영업사원 개인적으로 기대하는 영업실적이 950억 원 수준으로 낮게 예상되는 경우라면 어떨까? 영업전략 수립에 있어 고려해야 하는 갭은 150억 원으로 결정된다. 이럴 경우 역시 영업사원은 150억 원이라는 큰 갭을 없애기 위해 공격적인 대안들을 검토하여야 한다.

2. 갭이 작은 경우 방어적인 영업전략 구사

먼저 예상되는 영업실적이 동일한 상태에서 영업목표가 낮게 설정되면 영업목표가 높은 경우에 비하여 예상 영업실적과의 갭의 크기는 작고, 따라서 영업사원은 이 갭을 없애기 위하여 방어적인 영업전략을 사용하면 된다. 앞에서 살펴본 영업사원의 사례에서 영업사원의 예상 영업실적이 1,050억 원인 경우, 회사 차원에서 영업사원에게 배정하거나 영업사원이 개인적으로 설정하는 영업목표가 1,100억 원일 때 영업전략 수립에 있어 고려해야 하는 갭은 50억 원으로 비교적 작아서 영업사원은 이 50억 원의 갭을 없애기 위한 방어적인 대안들을 검토하면 된다.

한편 영업목표의 절대적 수준이 1,200억 원으로 높게 설정되었다고 하더라도 올해 영업연도의 영업환경이 낙관적으로 전망되어 1,150억 원의 영업실적 달성이 무난할 것으로 예상되는 경우, 영업사원이 영업전략 수립에 있어 고려해야 하는 갭은 50억 원으로 비교적 작다. 이런 경우 영업사원은 작은 갭을 없애기 위해 방어적인 대안들을 검토하면 된다.

영업사원이 영업목표 달성을 위해 어떤 영업전략을 구사하는 것이 가장 좋을 것인지에 대한 결정은 영업전략 수립의 다섯 단계를 모두 거쳐야 하겠지만 일단 영업전략 수립 첫 번째 단계에서 파악하는 갭의 크기에 따라 공격적 또는 방어적 영업전략의 기본적인 방향성은 결정된다. 이런 점에서 영업전략 수립의 전체 과정에 있어 갭을 파악하는 첫 번째 단계가 다른 어떤 단계보다 중요하다. 첫 단계에서 결정되는 이러한 영업전략의 개략적인 방향성에 따라 두 번째 단계의 전략적 대안의 내용이 달라지게 된다. 이제 다음 단계로 넘어가 1단계에서 파악한 갭을 없애기 위해 전략적 대안들을 어떻게 나열하는지 살펴보자.

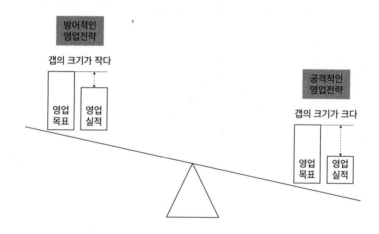

✍ [1단계] 갭 파악

1	일반적인 문제해결 과정에 있어 문제 정의가 문제 해결보다 더 중요하듯이 영업목표와 영업 실적 간의 갭을 파악하는 첫 번째 단계가 영업전략 수립 전체 과정 가운데 가장 중요하다.
2	영업목표란 회사로부터 배정받은 수치가 아니라 영업사원이 주도적으로 설정하는 의욕적인 목표치를 의미하며, 영업실적이란 최근에 달성한 영업실적이 아니라 영업연도 종료 시점에 합리적으로 기대되는 예상 영업실적을 의미한다.
3	갭이 클수록 공격적인 영업전략을 구사하고 갭이 작을수록 방어적인 영업전략을 구사한다. 즉, 갭의 크기에 따라 공격적 또는 방어적 영업전략의 기본적인 방향성은 첫 단계에서 이미 결정된다.

제4장

[2단계] 전략적 대안 나열

영업전략 수립을 위한 두 번째 단계는 전략적 대안들을 나열하는 것이다. 영업전략 수립에 있어 직관적 사고방식에 따르는 경우와 전략적 사고방식에 따르는 경우의 근본적 차이는 전략적 사고방식에 따르는 경우, 영업전략 수립의 두 번째 단계인 전략적 대안들을 나열하는 작업과 이어지는 세 번째 단계인 분석 작업을 추가로 수행한다는 점이다. 즉, 직관적 사고방식에 따른 영업전략 수립의 경우 영업목표를 확인하고 바로 영업전략을 수립하게 되는 데 반해, 전략적 사고방식에 따른 영업전략 수립은 영업목표를 확인한 후 다양한 전략적 대안들을 나열하고, 이를 평가하기 위한 각종 분석 작업을 수행한 후에 영업전략을 수립한다.

전략적 사고방식에 따라 어떤 전략적 대안들을 나열하는지 그리고 적합한 방안을 선택하기 위해 어떤 분석 작업이 이루어지는지에 따라 영업전략의 질은 달라진다. 영업사원에게 있어 영업전략의 존재 여부보다 더 중요한 것은 '영업전략이 결국 영업목표 달성에 얼마나 큰 도움이 되는가'라는 점이다. 이 점을 감안하면 영업전략 수립에 있어 전략적 대안들을 나열하는 두 번째 단계가 매우 중요함을 알 수 있다.

이번 장에서 살펴볼 영업전략 수립의 두 번째 단계에서는 갭을 없애는 데 어떤 대안들이 가장 효과가 있을지 가설적인 해답의 후보군들을 미리 고민해 보고, 가장 유력한 후보군들을 추리는 작업을 하게된다. 여러 후보군들을 고민한다고 해서 아무런 제한 없이 각종 방안들을 자유롭게 나열하는 것은 아니다. 첫 번째 단계에서 파악한 갭의 크기에 따라 공격적인 방안 혹은 방어적인 방안의 방향성이 정해지면 그러한 방향성에 맞추어 각종 대안들을 고민해야 한다. 영업사원이 이렇게 전략적 대안들을 나열하는 데 있어 중요한 것은 'MECE 원칙'이다.

제1절 MECE 원칙

MECE는 'Mutually Exclusive Collectively Exhaustive(상호 배제와 전체 포괄)'라는 영어 단어의 첫 글자를 조합한 말로, 전략적 사고방식으로 문제를 해결하기 위해 문제의 원인을 분석하거나 문제를 여러 세부 이슈들로 분해하는 데 있어 유용한 도구로 사용되고 있다.

'MECE 원칙'이란 어떤 문제를 여러 세부 이슈들로 분해하거나 어떤 그룹을 여러 소그룹으로 나눌 때 분해한 각각의 세부 이슈들 또는 소그룹 간에 중복되지 않고 상호 배제Mutually Exclusive 되도록, 그리고 세부 이슈들 또는 소그룹 가운데 어떤 것도 누락되지 않고 모든 세부 이슈들을 빠짐없이 포함하여 전체 포괄Collectively Exhaustive 되도록 이루어져야 한다는 것이다.

지금부터 두 가지 사례를 통해 그룹을 세분화하는 데 있어 각각의 예시가 MECE 원칙을 따르고 있는지에 대하여 살펴보자.

먼저 서울시 인구 전체를 대상으로 어떤 연구를 한다고 할 때, 전체 서울시 인구 그룹을 60세 이상과, 40세 이상 60세 미만, 그리고 40세

이하의 그룹 등 연령별로 세 개의 소그룹으로 나누는 경우이다. 이 사례에서 서울시 인구 전체를 세 개의 소그룹으로 나누는 것은 MECE 원칙에 따르고 있다. 먼저 세 개로 나누어진 각각의 소그룹은 각 소그룹 간에 상호 중복이 없다. 따라서 상호 배제Mutually Exclusive의 원칙이 잘 지켜지고 있다. 그리고 서울시 그룹에 속한 어떤 대상도 누락되는 경우가 없으며, 이들 세 개 소그룹을 합하면 전체 서울시 그룹이 되어 전체 포괄Collectively Exhaustive의 원칙도 잘 지켜지고 있다.

두 번째 사례이다. 전체 서울시 인구를 직장인 그룹과 자영업자 그룹, 그리고 학생 그룹 등 직업별로 세 개의 소그룹으로 나누는 경우이다. 이 경우는 MECE 원칙에서 벗어나고 있다. 세 개로 나누어진 각각의 소그룹은 각 그룹 간에 상호 중복되는 부분이 있다. 예를 들어 직장을 다니면서 자기 사업을 영위하는 사람의 경우, 직장인 그룹과 자영업자 그룹에 동시에 속하게 되고, 직장을 다니면서 학교에 다니는 사람의 경우, 직장인 그룹과 학생 그룹에 동시에 속하게 된다. 즉, 사례에서 상호 배제의 원칙이 지켜지지 않고 있다. 그리고 이 사례에서 서울시민 가운데 무직자의 경우, 서울시 그룹에는 속하지만 이들 세 개의 소그룹 가운데 어디에도 속하지 않게 되어 누락되는 경우가 발생한다. 즉, 사례에서 전체 포괄의 원칙도 지켜지지 않고 있다.

그런데 문제를 이처럼 여러 이슈들로 세분화하는 것은 문제 해결에 어떤 도움이 되는 것일까? 그리고 세분화하는 데 있어 MECE 원칙을 따르는 것은 왜 중요한가?

먼저 문제 해결을 위해 큰 문제를 작은 이슈들로 세분화하는 것은 문제해결의 일반적 접근방법이다. 우리는 해결해야 할 문제를 처음 접할 때 문제의 복잡성으로 어떻게 해결을 시도해야 할지 난감한 경우가 많다. 그런 경우 일단 해당 문제를 작은 이슈들로 나누고, 이 작은 이슈들을 하나씩 살펴보면 문제 해결을 위해 집중해야 하는 중요한 이슈들과 그렇지 않은 이슈들을 구분할 수 있다. 또 애초의 큰 문제보다 이렇게 세분화된 작지만 중요한 이슈들이 해결이 더 쉬울 때도 있다. 즉, 여러 세부 이슈들 가운데 어떤 이슈들은 분석의 여지가 없이 답이 명확한 것도 있고, 다른 이슈들은 분석을 필요로 하지만 애초의 큰 문제보다는 간단한 분석을 통해 쉽게 답을 구할 수 있는 경우도 많이 있기 때문이다.

MECE 원칙에 따라 문제를 해결할 때 우리는 중요한 몇 가지 이점을 얻게 된다. 중복된 분석으로 자원을 낭비할 필요도 없고, 분석이 전체적으로 한쪽으로 치우치지 않으며 분석결과가 문제 해결로 바로 연결된다. 또한 큰 문제를 작은 문제로 나눌 때 일부가 누락된 경우, 즉 작은 문제의 합이 큰 문제보다 더 작은 경우, 작은 문제들에 대한 분석이 아무리 훌륭하더라도 일부 누락된 문제에 대해서는 분석이 이루어지지 않아 이 결과를 큰 문제에 대한 답으로 제시하는 것이 적절하지 않을 수 있다. 결국 큰 문제를 작은 문제로 나눌 때 상호 배제와 전체 포괄의 원칙이 기반이 된 MECE 원칙에 따라 이루어져야 효과적인 분석이 가능하고 문제의 해답을 쉽게 제시할 수 있다.

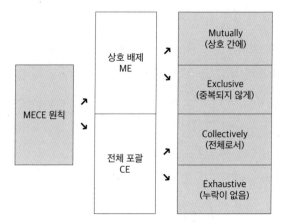

제2절 대안 나열

MECE 원칙을 이해했으니 이제 영업사원이 자신의 영업목표와 예상 영업실적 간에 파악한 갭을 줄이기 위한 구체적인 대안들을 MECE 원칙에 따라 나열해 보자.

앞서 살펴본 영업사원의 사례에서 회사에서 배정된 올해 영업목표가 매출액 기준 1,200억 원이며 영업사원은 영업실적으로 1,050억 원의 매출을 예상하고 있다고 가정해 보자. 이때 영업사원은 150억 원의 갭을 없애기 위해 전년도와 다른 뭔가 새로운 영업전략이 필요하다. 이를 위해 지금까지 꾸준히 판매해 오던 기존 제품 판매에 주력할지, 아니면 최근 회사에서 새롭게 출시한 신제품 판매에 주력할지 두 가지 대안들을 제시할 수 있다. 이 단계에서는 아직 두 대안들 가운데 어떤 방안이 더 효과적인지 알지 못한다. 이는 다음 단계에서 시장, 경쟁자, 고객 그리고 나의 역량에 대한 각종 분석들을 통해 알게될 것이다. 지금 단계에서 중요한 작업은 150억 원의 갭을 없애는 데 효과적일 것으로 예상하는 가설적 방안들을 적절히 나열해 보는 것이다.

일단 기존 제품 판매에 주력하는 방안과 신제품 판매에 주력하는 방안으로 나누는 것이 MECE 원칙에 따르고 있는지 확인한다. 두 방안이 서로 중복되지 않아 상호 배제Mutually Exclusive의 원칙을 잘 지키고 있고, 동시에 다른 누락된 방안이 없어서 전체 포괄Collectively Exhaustive의 원칙도 잘 지키고 있음을 알 수 있다.

이제 한 차원 더 나아가 이 두 방안을 더 작은 방안들로 나누어 보자.

먼저 기존 제품 판매에 주력하는 첫 번째 방안의 경우, 기존 제품을 신규 고객들을 대상으로 파는 방안과 기존 고객들을 대상으로 파는 두 가지 방안으로 나눌 수 있다. 그리고 이렇게 나눈 것이 MECE 원칙에 따르고 있는지 또다시 확인한다. 다음으로 신제품 판매에 주력하는 두 번째 방안을 신규 고객과 기존 고객들을 대상으로 판매하는 두 가지 방안으로 나눌 수 있다. 이 방안 역시 MECE 원칙을 잘 지키고 있는지 확인한다. 이렇게 영업사원의 매출 증대를 위해 효과적인 방안의 후보군으로 적절한 전략적 대안 네 가지를 MECE 원칙에 따라 나열해 보았다.

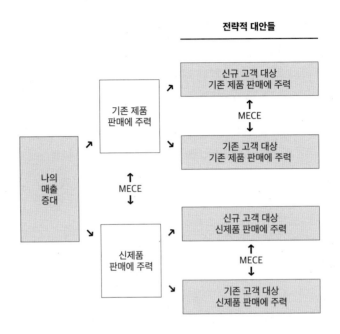

앞서 살펴본 사례처럼 전략적 대안을 나열할 때 반드시 기존 제품 판매와 신제품 판매, 그리고 이를 다시 신규 고객 대상과 기존 고객 대상으로 나누는 것만이 정답은 아니다. 영업사원들은 각자 자신들이 영업하는 사업의 특성 또는 현재 자신이 처한 영업 이슈에 따라 매출 증대를 위한 고민이 다를 수밖에 없다. 또한 같은 영업사원의 경우에도 갭이 큰 경우와 갭이 작은 경우 고민하는 대안들이 다를 수밖에 없다.

만약 영업사원의 사업 방식이 B2C 사업이며, 최근 출시한 신제품 판매에 주력할 수밖에 없는 것이 명확할 때 이 신제품을 온라인 혹은 오프라인 영업 채널 가운데 어떤 채널을 통한 판매에 주력해야 할지, 그리고 각 영업 채널 별로 이미 존재하는 기존 채널을 통한 판매에 주력할지 아니면 새롭게 개척한 채널을 통한 판매에 주력할지에 대해 고민한다고 해보자. 그러면 그는 기존 온라인 채널을 통한 판매에 주력하는 방안, 신규 온라인 채널 개척에 주력하는 방안, 기존 오프라인 채널을 통한 판매에 주력하는 방안, 신규 오프라인 채널 개척에 주력하는 방안 등 네 가지 대안들을 전략적 방안의 후보로 나열할 수 있다.

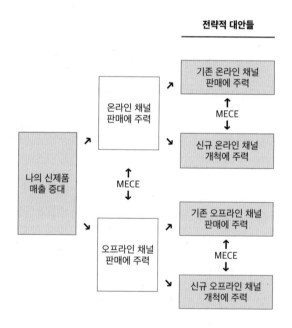

영업전략 수립의 단계들 가운데 목표와 실적 간의 갭을 파악하는 첫 번째 단계가 가장 중요하지만, 목표와 실적을 비교하여 그 차이를

파악하는 것은 그리 어렵지 않다. 그런데 대안을 나열하는 두 번째 단계는 간단해 보이지만 실제로 해보면 쉬운 작업이 아니다.

대안을 나열하는 작업이 어려운 것은 영업사원이 현장에서 부딪히는 다양한 고민들을 한두 개의 기준으로 명확히 정리하기가 쉽지 않기 때문이다. 대안을 나열하는 기준은 수만 가지가 있는데, 처음부터 어떤 기준이 의미 있고 중요한지는 알기가 어렵다. 앞서 살펴본 두 가지 예시 가운데 첫 번째 예시에서는 제품(기존 제품과 신제품)과 고객(신규 고객과 기존 고객)이라는 두 개의 기준을 이용해서 네 개의 대안을 만들었고, 두 번째 예시에서는 채널(온라인과 오프라인)과 그 채널의 신규개설 여부(기존 채널과 신규 채널)를 기준으로 네 개의 대안을 만들었다. 그런데 이러한 기준들은 절대적인 것이 아니고 여러 다양한 상황에 따라 다른 기준이 제시될 수밖에 없다.

그렇다면 과연 영업 현실에서 제품, 고객, 채널 내지 시장 등 여러 다양한 기준 가운데 어떤 기준을 사용하는 것이 좋을까? 모든 사업과 모든 영업사원들에게 적용되는 적절한 기준은 없으며, 해당 사업의 특성 또는 현재 영업사원이 처한 영업 이슈에 따라 그 기준은 매번 다를 수밖에 없다. 그리고 예전에는 적절했던 기준이 이번에는 적절하지 않을 수 있다. 결국 쉽지 않은 작업이지만 영업사원이 꾸준히 여러 가지 기준을 가지고 대안을 나열하는 작업을 반복 수행하면서 영업 전략을 수립하는 현시점에서 문제를 해결하는 데 있어 검토와 분석이 필요한 대안들이 무엇인지 찾아 나가는 수밖에 없다.

대안을 나열할 때 효율적이며 현실적인 팁은 일단은 아직 아무런 근거가 없더라도 그럴듯해 보이는 아이디어들을 가급적 많이 꺼내 놓고 그 대안들 가운데 유사한 것들끼리 묶어보는 접근을 시도해 보는 것이다. 기준을 미리 정한 뒤 그에 따라 대안을 나열하려고 하면 현실적으로 어떤 기준이 적절한지 알 수 없어 많은 어려움을 겪게 된다. 이때 일단 다양한 아이디어를 먼저 꺼내 놓고, 유사한 아이디어들을 묶어본 후, 아이디어 그룹들을 구분하는 기준이 무엇인지 찾아보는 작업이 비교적 더 쉬울 수 있다.

그런 다음, 시간을 가지고 다양한 기준으로 대안을 나열하는 작업을 반복 시도해 가장 좋은 기준을 찾는 것이 바람직하다.

일단 분석 단계에 들어가면 실제 작업을 위한 많은 자원 투입이 불가피하다. 차라리 대안을 나열하는 단계에서 다소 시간과 노력이 들더라도 적절한 대안을 잘 마련하는 것이 결과적으로 자원 투입에 효과적이다. 또한 대안을 나열하는 작업을 반복하다 보면 영업전략 수립 역량도 그만큼 향상된다. 어차피 영업사원은 영업사원으로서 활동하는 내내 끊임없이 자신의 영업전략을 수립하거나 이를 조정하는 활동을 수시로 해야 한다. 따라서 적절한 대안을 나열하는 두 번째 단계의 작업이 비록 쉽지는 않더라도 꾸준히 반복해서 수행할 가치는 충분히 있다.

제3절 BCG 매트릭스

지금부터 이야기할 BCG 매트릭스BCG Matrix는 글로벌 전략컨설팅 회사인 보스턴 컨설팅 그룹Boston Consulting Group이 개발한 사업 포트폴리오 분석 기법이다. BCG 매트릭스는 기업이 각 사업별로 시장 성장률Market Growth과 가장 큰 경쟁사 대비 시장 점유율, 즉 상대적 시장 점유율Relative Market Share을 기준으로 회사가 영위하는 사업의 현재 위치를 파악하여 각 사업별 투자 우선순위를 정하거나 사업별 전략적 방향성을 수립하는 데 활용된다. 영업사원이 MECE 원칙에 따라 전략적 대안을 나열할 때도 BCG 매트릭스를 활용할 수 있다.

예를 들어 어떤 회사가 A, B, C, D라는 네 가지의 다양한 사업을 영위할 경우, 각 사업의 시장 성장률과 상대적 시장 점유율에 따라 다음의 네 그룹으로 구분한다. A 사업이 시장 성장률도 높고, 시장 점유율도 높은 경우, 해당 사업을 스타Star 사업으로 정의한다. B 사업의 경우 시장 성장률은 낮으나 시장 점유율이 높은 경우, 해당 사업을 캐시카우Cash Cow 사업으로 정의한다. C 사업의 경우 시장 성장률은 높으나 시장 점유율이 낮은 경우, 해당 사업을 물음표Question Mark 사업으로 정

의한다. D 사업의 경우 시장 성장률도 낮고 시장 점유율도 낮은 경우,
해당 사업을 도그Dog 사업으로 정의한다.

BCG 매트릭스

```
         높음
              ┌──────────────┬──────────────┐
              │      ©       │      Ⓐ       │
              │   물음표 사업  │    스타 사업   │
              │              │              │
  시장 성장률  ├──────────────┼──────────────┤
              │      Ⓓ       │      Ⓑ       │
              │    도그 사업   │  캐시카우 사업  │
              │              │              │
              └──────────────┴──────────────┘
         낮음      상대적 시장 점유율      높음
```

결국 회사가 영위하는 A, B, C, D라는 네 가지의 다양한 사업을
BCG 매트릭스 상에 배치해 보면 해당 사업이 속한 시장의 매력도와
그 사업의 시장 내 입지를 쉽게 파악할 수 있다. 각 사업별 시장 매력
도와 해당 시장 내 우리 사업의 입지는 다음과 같다.

- **스타 사업** : 시장도 매력적이고 시장 내 우리 사업의 입지도 강함
- **캐시카우 사업** : 시장은 매력적이지 않지만 시장 내 우리 사업의 입지는
  강함
- **물음표 사업** : 시장은 매력적이지만 시장 내 우리 사업의 입지는 약함

- **도그 사업** : 시장도 매력적이지 못하고 시장 내 우리 사업의 입지도 약함

이렇게 각 사업별로 해당 사업이 속한 시장의 매력도와 시장 내 입지를 파악하게 되면 향후 해당 사업에 대한 투자를 늘려야 할지 줄여야 할지를 가늠해 투자 우선순위에 대한 전략적 시사점을 쉽게 도출할 수 있다. BCG 매트릭스 상의 네 개 사업 각각에 대하여, 각 사업별 투자 우선순위에 대한 전략적 시사점은 다음과 같다.

- **스타 사업** : 시장 선도적 위치 유지를 위해 지속적으로 자원을 투입함
- **캐시카우 사업** : 시장 성장성이 낮으므로 추가 자본 투입을 자제하며 현재 사업을 유지하는 범위 내에서 필요한 최소한의 자원만을 투입함
- **물음표 사업** : 시장 성장성이 높으므로 향후 스타 사업이 될 가능성이 있어 시장 내 회사의 점유율을 높이기 위해 상당히 많은 자원을 투입함
- **도그 사업** : 시장 성장성도 낮고 시장 내 우리 사업의 입지도 약하므로 자원 투입 비중을 지금보다 줄이고, 조기에 해당 영역을 벗어날 가능성이 작은 경우 해당 사업에서의 철수를 고려함

BCG 매트릭스 상의 네 개 사업 각각에 대해 이러한 각 사업별 전략적 시사점을 고려하여 네 가지 사업 간의 투자 우선순위를 살펴보면, 물음표 사업으로 정의한 C 사업에 가장 많은 추가 자원을 투입하고 스타 사업으로 정의한 A 사업에 그 다음으로 많은 추가 자원을 투입하되 캐시카우 사업으로 정의한 B 사업에 대해서는 추가 자원 투입

을 자제하고, 마지막으로 도그 사업으로 정의한 D 사업의 경우, 추가적인 자원 투입보다는 현재 투입된 자원의 회수를 고려하는 것이 바람직하다.

지금까지 살펴본 BCG 매트릭스 상의 각 사업별 시장 매력도와 해당 회사의 입지, 그리고 전략적 시사점에 따른 투자 우선순위를 정리하면 다음과 같다.

BCG 매트릭스 사업	각 사업별 시장 매력도와 우리의 입지	전략적 시사점
스타 사업	시장도 매력적이고 시장 내 우리의 입지도 강함	시장 선도적 위치 유지를 위해 꾸준히 자원을 투입함
캐시카우 사업	시장은 매력적이지 않지만 시장 내 우리의 입지는 강함	시장 성장성이 낮으므로 추가 자원 투입을 자제함
물음표 사업	시장은 매력적이지만 시장 내 우리의 입지가 약함	향후 스타시장을 기대하며 많은 자원을 투입함
도그 사업	시장도 매력적이지 못하고 시장 내 우리의 입지도 약함	상당기간 이 영역에 머문 경우 철수를 고려함

본질적으로 BCG 매트릭스는 영업전략 수립 프로세스를 극도로 단순화한 영업전략 수립의 한 가지 예시라고 볼 수 있다.

BCG 매트릭스의 핵심은 한 회사가 다양한 사업을 영위할 경우, 각 사업별로 투자 우선순위를 어떻게 정하는 것이 좋을지에 대한 답을 제시하는 것이다. 결국 BCG 매트릭스는 영업사원이 다양한 영업 대안들을 나열하고 각각의 대안을 평가한 후 그 가운데 가장 적합한 방안을 선택하여 영업전략으로 제시하는 것과 다음과 같은 점에서 본 질적으로 동일이다.

첫째, 영업사원이 갭을 없애기 위한 대안들을 MECE 원칙에 따라 나열하듯 BCG 매트릭스는 어떤 사업에 우선 투자해야 할 것인지에 대한 고민을 해결하기 위해서 투자 대상 후보군에 속한 다양한 사업들을 MECE 원칙에 따라 나열한다.

둘째, 영업전략 수립의 경우, 나열된 각각의 대안에 대해 시장, 경쟁자, 고객 및 나 자신에 대한 각종 분석을 통하여 각 대안을 평가하게 된다. 마찬가지로 BCG 매트릭스도 나열된 후보 사업들에 대해 시장 성장률과 상대적 시장 점유율이라는 두 개의 지표를 사용해 어떤 사업의 시장이 더 매력적이고, 또 어떤 사업이 경쟁력이 있는지를 평가한다.

셋째, BCG 매트릭스에서 사용하는 두 개의 지표 가운데 하나인 시장 성장률은 시장의 매력도를 평가하는 데 가장 기본적으로 살펴봐야 하는 요소이며, 상대적 시장 점유율 또한 경쟁자와 나의 강점 및 약점의 분석을 통해 나의 상대적 경쟁력을 평가하기 위해 기본적으로 살펴봐야 하는 요소이다.

넷째, 영업전략 수립의 경우 각종 분석결과, 각각의 대안을 평가하고 그 가운데 최적의 대안을 영업전략으로 선택하는 것과 마찬가지로 BCG 매트릭스에서는 스타 사업, 캐시카우 사업, 물음표 사업, 도그 사업으로 정의된 사업들 각각에 대해 투자 비중을 어떻게 조정할 것인지 전략적 방향성을 제시한다.

실제로 영업전략 수립은 시장 성장률과 상대적 시장 점유율 이외에 시장과 경쟁자 그리고 나에 대한 다양한 요인들을 체계적으로 살펴보고, 무엇보다도 고객에 대한 분석을 추가로 실시한 후 최적안을 선택하는 점에서 BCG 매트릭스보다는 더 포괄적이다.

BCG 매트릭스에서 어떻게 전략적 대안을 MECE 원칙에 따라 나열하고 각 사업별로 자원 투입 비중을 조정하도록 제시하는지 정리하면 다음과 같다.

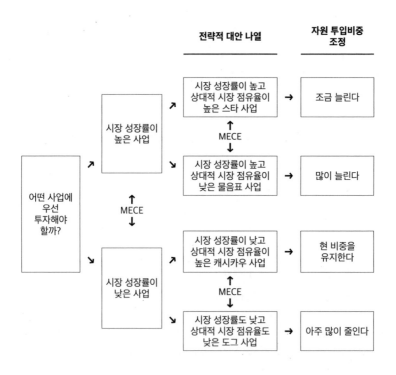

제4절　대안 나열에 있어 BCG 매트릭스의 활용

BCG 매트릭스는 본질적으로 영업전략 수립과 동일하기 때문에, 영업사원이 담당하는 여러 사업들 가운데 어떻게 대안을 나열하고, 각 사업별로 영업자원 배분의 방향성을 어떻게 정할지에 관한 전략적 시사점을 도출하는 데 활용할 수 있다.

먼저 B2C 사업으로 온라인 쇼핑몰에서 의류, 신발, 식품 및 가구 등 네 개 제품 카테고리 상품 기획 및 판매를 담당하는 MD의 사례를 살펴보자.

이 사례에서 MD는 올해 자신이 담당하는 제품 카테고리 전체의 매출 극대화를 위해 올해 영업목표가 예상되는 영업실적보다 높을 경우, 이 갭을 없애기 위해 네 개의 카테고리들 가운데 어떤 카테고리의 상품 기획과 판매에 주력해야 할지 고민 중이다. 이럴 경우 MD는 각 카테고리별 최근 매출실적을 기준으로 매출실적이 높은 카테고리 상품의 기획과 판매에 집중하는 방안과 최근 매출실적이 낮은 카테고리 상품의 기획과 판매에 집중하는 방안, 두 가지를 전략적 대안으로 나열할 수 있다. 또는 최근의 매출실적보다는 매출액 증가율을 기

준으로 최근 매출액 증가율이 높은 카테고리 상품의 기획과 판매에
집중할지 아니면 최근 매출액 증가율이 낮은 카테고리 상품의 기획
과 판매에 집중할지를 놓고 두 가지 전략적 대안을 나열할 수도 있다.

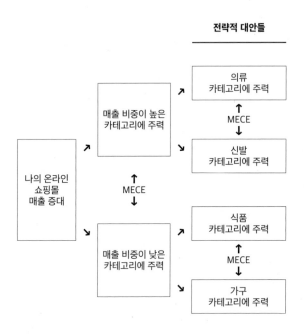

또한 MD는 매출실적 또는 매출액 증가율이라는 기준 이외에도
BCG 매트릭스를 활용하여 자신이 담당하는 상품 카테고리별로 전
략적 시사점을 도출할 수도 있다. 즉, 자신이 담당하는 의류, 신발, 식
품 및 가구 사업 각각에 대해 이들 사업이 속한 시장의 성장률과 상내
적 시장 점유율을 바탕으로 이들 사업들이 BCG 매트릭스상의 스타

사업, 캐시카우 사업, 물음표 사업 내지는 도그 사업의 어디에 속하는
지를 파악해 본다. 이럴 경우 시장, 경쟁자, 고객 또는 나에 대한 종합
적인 분석 없이도 비교적 쉽게 어떤 상품 카테고리에 주력해야 할지
전략적 시사점을 도출할 수 있다.

예를 들어 각 사업별로 시장 성장률을 파악한 결과, 의류 사업과 신
발 사업이 시장 성장률이 높아 매력적인 시장으로 판단되었다고 가
정해 보자.

다음으로 각 사업별로 시장 점유율을 파악한 결과, 의류 사업과 식
품 사업이 상대적 시장 점유율이 높아 경쟁사 대비 우리 회사 또는 담
당 영업사원의 경쟁력이 강한 것으로 판단되고, 신발 사업과 가구 사
업의 경우 상대적 시장 점유율이 낮아 경쟁사 대비 우리 회사 또는 담
당 영업사원의 경쟁력이 약한 것으로 가정해 보자.

이럴 경우, 매력적인 시장에서 우리의 경쟁력이 강한 의류 사업
은 BCG 매트릭스상에서 스타 사업에 속한 것으로 판단하여 영업자
원 투입 비중을 현재보다 조금 늘이는 방향의 전략적 시사점을 도출
할 수 있다. 마찬가지로 매력적인 시장이지만 우리의 경쟁력이 약한
신발 사업의 경우 물음표 사업에 속하므로 영업자원 투입 비중을 현
재보다 상당히 많이 늘이는 방향의 시사점을 도출할 수 있다. 다음으
로 매력적인 시장은 아니지만 우리의 경쟁력이 강한 식품 사업의 경
우 캐시카우 사업에 속하므로 현재 영업자원 투입 비중을 최소화하
는 방향으로 결정할 수 있다. 마지막으로 매력적인 시장도 아니고 우

리의 경쟁력이 약한 가구 사업의 경우 도그 사업에 속하므로 이 사업
에 대해서는 영업사원의 영업자원 투입 비중을 현재보다 상당히 많
이 줄이는 방향을 도출할 수 있다.

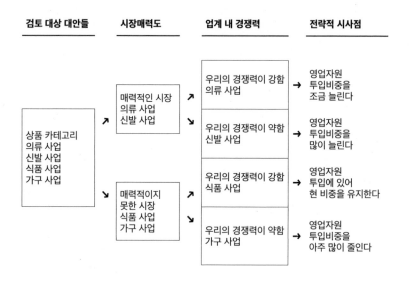

앞에서 살펴본 온라인 쇼핑몰 사례와 같이 개인 고객들을 대상으
로 하는 B2C 사업의 영업사원의 경우뿐만 아니라 기업 고객들을 대
상으로 하는 B2B 사업의 경우에도 BCG 매트릭스를 활용하여 여러
가지 대안에 대한 전략적 시사점을 쉽게 도출할 수 있다.

자동차, 조선, 건설기계 또는 석유화학 장치 등 다양한 기계류 등을
제조하는 고객사들을 대상으로 기계부품을 납품하는 영업사원의 사
례를 살펴보자. 예를 들어 기존 고객들에 대해 판매하는 제품 수는 그

대로 가져가면서 제품별 판매량을 더 늘리는 데 주력할지, 아니면 제품의 가지 수를 더 늘리는 데 주력할지, 또는 제품의 단가를 인상하는 것이 더 효과적일지 고민할 것이다. 또는 기존 고객 관리보다는 신규 고객의 확보에 주력해야 할지, 신규 고객을 확보한다면 기존 고객들이 주로 포진해 있는 전방산업에서 추가적으로 신규 고객을 확보할 것인지 아니면 아예 새로운 전방산업을 개척하여 해당 산업에 있는 사업자들을 신규 고객으로 확보할지 여러 고민이 있을 수 있다.

B2B 사업의 영업사원이 자신이 담당하는 사업에 대해 전략적 시사점을 도출하는 데 있어 어떻게 BCG 매트릭스를 활용하는지 살펴보자.

이를 위해서는 해당 전방산업별로 자신이 기계부품을 판매하는 시장 각각에 대해 해당 제품의 시장 성장률과 해당 시장에서의 상대적 시장 점유율 자료를 파악한다. 다음으로 이들 자료를 근거로 자신의 사업 각각이 스타 사업, 캐시카우 사업, 물음표 사업 내지는 도그 사업 가운데 어디에 속하는지를 평가하여 비교적 쉽게 어떤 전방산업에 속한 고객사들을 대상으로 하는 영업에 주력해야 할지 전략적 시사점을 도출할 수 있다.

예를 들어 자동차 산업과 조선 산업의 경우 시장 성장률이 높아 매력적인 시장으로 판단되고, 건설기계 산업과 석유화학 산업의 경우 시장 성장률이 낮아 매력적이지 못한 시장으로 판단된다고 가정해 보자. 다음으로 각 전방산업별로 상대적 시장 점유율을 파악한 결과,

자동차 산업과 건설기계 산업을 전방산업으로 하는 경우, 상대적 시장 점유율이 높아 경쟁사 대비 우리 회사 제품의 경쟁력이 강한 것으로 판단되고, 조선 산업과 석유화학 산업의 경우, 상대적 시장 점유률이 낮아 경쟁사 대비 우리 회사 제품의 경쟁력이 약한 것으로 가정해보자.

이럴 경우, 매력적인 시장에서 우리의 경쟁력이 강한 자동차 산업의 경우 BCG 매트릭스상에서 스타 사업에 속한 것으로 판단돼 영업자원 투입 비중을 현재보다 조금 늘이는 방향의 전략적 시사점을 도출할 수 있다. 마찬가지로 매력적인 시장이지만 우리의 경쟁력이 약한 조선 산업의 경우, 물음표 사업에 속하므로 영업자원 투입 비중을 현재보다 상당히 많이 늘이는 방향의 시사점을 도출할 수 있다. 다음으로 매력적인 시장은 아니지만 경쟁력이 강한 건설기계 산업의 경우, 캐시카우 사업에 속하므로 이 사업에 대한 영업자원 투입 비중을 현재 상태를 유지하는 선에서 영업자원 투입을 최소화하는 방향으로 결정할 수 있다. 마지막으로 매력적인 시장도 아니고 우리의 경쟁력이 약한 석유화학 산업의 경우, 도그 사업에 속하므로 이 사업에 대해서는 영업자원 투입 비중을 현재보다 상당히 많이 줄이는 방향을 도출할 수 있다.

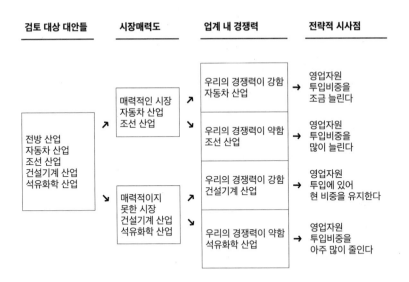

지금까지 영업전략 수립의 두 번째 단계에서 영업목표와 예상 영업실적 간의 갭을 없애기 위해 전략적 대안들을 MECE 원칙에 따라 나열하는 것을 살펴보았다.

그리고 대안들을 나열하고 각 대안별로 전략적 시사점을 도출하는 데 있어 BCG 매트릭스를 활용하는 것도 살펴보았다.

BCG 매트릭스는 각종 대안을 비교 분석할 때 시장 성장률과 상대적 시장 점유율이라는 두 개의 지표만을 사용해 간단한 분석으로 각 대안별 전략적 시사점을 쉽게 도출한다는 장점이 있다. 반면 이렇게 제한적인 분석만으로 얻어진 전략적 시사점을 바로 현장 영업에 적용하기에는 많은 한계점도 있다. 이제 이 부분을 보완하기 위한 세 번째 단계를 살펴보자.

✧ **[2단계] 전략적 대안 나열**

1 영업목표와 예상 영업실적 간의 갭을 없애기 위한 다양한 전략적 대안들을 나열하는 데 있어
서는 상호 배제 Mutually Exclusive와 전체 포괄 Collectively Exhaustive의 MECE 원칙에 따라야 한
다.

2 모든 사업과 모든 영업사원들에게 공통적으로 적용되는 전략적 대안 나열의 일반적인 기준은
없다. 다양한 기준으로 여러가지 대안들을 나열하는 작업을 꾸준히 반복해서 수행하는 수밖
에 없다.

3 영업사원이 자신이 담당하는 여러가지 사업들 가운데 어떤 사업에 집중할지 각 사업별 영업
자원 배분의 전략적 방향성을 정하는 데 있어 BCG 매트릭스를 활용하는 것도 도움이 된다.

제5장

[3단계] 각종 분석 실시

영업전략 수립을 위해 분석해야 하는 대상은 시장, 경쟁자, 고객 그리고 나 자신 이렇게 네 가지이다. 먼저 시장 분석의 주된 내용은 시장의 크기와 성장성 그리고 시장의 특성과 동향 등이다. 시장 분석의 목적은 궁극적으로 시장이 얼마나 시장참여자들, 특히 나에게 매력적인지를 평가하기 위해서이다. 경쟁자 분석의 주된 내용은 누가 나의 경쟁자들인지 확인하고 경쟁자들의 특징과 동향을 파악하는 것이며, 궁극적으로 경쟁자들 간의 경쟁 강도를 근거로 경쟁자들이 나의 사업에 얼마나 위협적인지 그 정도를 파악하기 위해서이다.

고객에 대한 분석은 누가 나의 현재, 그리고 미래의 주요 고객들이며, 이러한 주요 고객들은 어떤 니즈를 가지고 있는지 그 특성과 동향을 파악하는 것이다. 고객 분석의 주된 목적은 과연 내가 주요 고객들의 변화하는 니즈를 충족할 수 있는지 그 가능성을 파악하기 위해서이다. 마지막으로 나에 대한 분석의 주요 내용은 우리 회사와 내가 가지고 있는 핵심역량과 내가 가지고 있는 가용자원의 규모를 파악하는 것이며, 나를 분석하는 주요 목적은 영업전략 수립에 과연 나의 핵심역량을 어떻게 활용할 수 있는지 점검하고, 내가 가진 가용자원의 범위 내에서 그 비중을 효과적으로 조정하기 위해서이다.

제1절 시장의 매력도 평가

영업전략 수립을 위해 분석해야 할 첫 번째 대상은 '시장'이다. '시장'이란 경쟁자와 고객, 그리고 내가 사업을 영위하는 각축장이다. 축구 경기에서 축구선수들이 승부를 가르기 위해 각축을 벌이는 바로 그 축구 경기장이 '시장'이다. 축구 경기는 축구 경기장 안에서만 이루어져야 하듯이 영업은 시장 내에서 이루어진다.

1. 시장의 정의

시장 분석과 관련하여 가정 먼저 해야 하는 작업은 분석 대상이 되는 시장을 정의하는 것이다. 시장은 정해져 있는 것이 아니고 분석 목적에 따라 임의로 크게 또는 작게 정의할 수 있다. 예를 들어 국내 스마트폰 시장을 정의할 때 국내에서 생산되고 국내에서 판매되는 스마트폰의 판매액을 기준으로 시장을 좁게 정의할 수도 있고, 해외에서 생산되어 국내에 수입되는 스마트폰을 포함하여 어디에서 생산되는지를 구분하지 않고 국내에서 판매되는 스마트폰의 판매액을 기준으로 시장을 넓게 정의할 수도 있다.

영업전략 수립에 있어 분석 대상이 되는 시장을 어떻게 정의하면 좋을지에 대한 여부는 영업목표 달성을 위해 어떻게 시장을 정의하는 것이 좋을지에 따라 유연하게 결정하면 된다.

최근 해외, 특히 중국에서 생산되어 국내에서 유통되는 저가 제품으로 인하여 국내 내수 판매에 고전하는 국내 업체의 경우, 시장 분석을 할 때 국내 업체들이 생산하는 제품만을 기준으로 시장을 정의하면, 제대로 된 영업전략을 수립할 수 없다. 해당 업체의 경우 분명히 자신들의 영업실적이 예전에 비해 부진한 것은 사실인데, 시장을 이렇게 좁게 정의하면 부진한 영업실적의 이유는 시장의 절대적 규모가 줄어들었기 때문이며, 이렇게 시장이 줄어든 것은 자신들이 어떻게 할 수 있는 범위 밖의 일이라고 생각한다. 오히려 자신들은 이렇게 줄어든 시장에서도 어느 정도의 시장 점유율을 지켜내고 있어 선방하고 있다는 잘못된 결론이 도출될 수 있다.

하지만 엄격한 의미에서 국내 소비자들은 여전히 해당 제품을 많이 구매하고 있으니 국내 시장의 절대적 규모가 줄어든 것은 아니다. 다만 기존 국내 업체들이 차지하고 있던 시장 점유율이 해외 수입업체로 대체된 것일 뿐이다. 따라서 이럴 경우, 어디에서 생산되든지 간에 국내에서 판매되는 제품 전체를 기준으로 시장을 비교적 넓게 정의하는 것이 바람직하다. 이럴 경우, 국내 시장 전체의 절대적 규모는 변하지 않았고 여전히 매력적이라는 결론에 도달할 수 있다. 따라서 해당 업체는 이렇게 매력적인 시장을 쉽게 포기해서는 안 되며, 하락하는 자신들의 시장 점유율 회복을 위해 보다 공격적인 영업전략을 마련하여야 한다.

결국 시장을 정의할 때는 궁극적으로 영업 대상으로 삼고 있는 지역, 고객, 또는 제품의 범위를 어디서부터 어디까지로 할 것인지가 먼저 정해져야 한다. 내가 사업을 하고 있거나 하려고 하는 시장이 국내 가정용 이동식 에어컨 시장이라면 국내 에어컨 시장 전체 또는 국내 이동식 에어컨 시장 전체를 살펴보기보다는 '국내 가정용 이동식 에어컨 시장'으로 좁게 정의하는 것이 필요하다.

2. 시장규모 추정

시장을 정의한 다음에는 해당 시장의 규모를 금액 기준으로 추정한다. 시장규모의 추정은 해당 시장의 매력도를 판단하기 위해 필요한 분석이다.

일반적으로 시장규모가 크면 규모가 작은 시장에 비해 더 매력적이라고 할 수 있다. 또한 최근 시장 성장률이 가파를 경우 성장률이 낮은 것에 비해 더 매력적이다. 만약 관련 시장규모에 대한 외부의 객관적 자료가 있으면 해당 자료를 인용하여 사용하면 된다. 이때는 해당 자료의 출처를 명확히 밝혀야 한다. 자료의 출처는 제3자가 자료를 검색할 때 쉽게 찾을 수 있을 정도로 자세히 밝히는 것이 좋다. 그리고 그 출처는 공신력이 있는 기관의 자료를 제시하는 것이 더 바람직하다. 예를 들어 신문기사보다는 관련 협회 자료를 인용하는 것이 더 낫고, 협회 자료보다는 통계청 자료를 인용하는 것이 더 낫다.

그런데 규모를 알아보고자 하는 해당 시장이 틈새시장이거나 최근에 급격히 성장한 경우 관련 기관의 자료가 없는 경우가 많은데, 이럴 때는 다음과 같은 시장규모의 추정이 필요하다.

국내 가정용 이동식 에어컨 시장규모 =
이용 세대 수 X 세대당 연간 가정용 이동식 에어컨 구매 비용

이러한 시장규모 추정 공식은 한 가지만 있는 것이 아니고 다양한 방법으로 추정할 수 있다. 관련 시장규모에 대한 자료 확보가 어려운 경우, 필요하다면 창의적으로 추정하는 수밖에 없다. 그리고 추정에 있어 이용 세대 수 또는 세대당 연간 가정용 이동식 에어컨 구매 비용과 같은 키 드라이버들을 할 수 있을 때까지 계속 세분화하면 해당 시장규모에 대해 더 정확한 추정이 가능하다. 예를 들어 세대당 연간 가정용 이동식 에어컨 구매 비용은 다음과 같이 더 세분화할 수 있다.

세대당 연간 가정용 이동식 에어컨 구매 비용 =
대당 평균 구매단가 X 구매 대수

만약 내가 살펴보고자 하는 시장의 자료는 없지만 이와 연관된 시장에 대해서는 신뢰할 수 있는 외부자료가 있을 경우 이를 활용하는 것이 필요하다. 예를 들어 내가 살펴보고자 하는 시장이 국내 가정용 이동식 에어컨 시장인데, 마땅한 자료가 없을 경우가 있다. 그러면

국내 에어컨 시장규모는 2,000억 원이고 그중 이동식 에어컨 비중은 50%이며, 이동식 에어컨 시장 가운데 가정용 시장의 비중이 80%라는 신뢰할 만한 외부 자료를 검색해 국내 가정용 이동식 에어컨 시장규모는 다음과 같이 800억 원으로 추정할 수 있다.

국내 가정용 이동식 에어컨 시장규모
= 국내 에어컨 시장규모 X 이동식 에어컨 비중 X 가정용 비중
= 2,000억 원 X 50% X 80% = 800억 원

시장규모 추정에 있어 다양한 방법이 있다면, 각각의 방법으로 계산된 수치를 비교한 후 가장 타당하다고 생각하는 접근방법을 선택하고 그에 따라 계산된 수치를 채택하면 된다. 하지만 단순히 각각의 접근방법에서 나온 수치를 평균화하는 것은 바람직하지 않다.

시장규모 추정에 있어 궁극적으로는 여러 관련된 시장들의 규모에 대한 객관적인 비교를 위해 원칙적으로 원 단위의 금액으로 제시하는 것이 필요하다. 그리고 만약 2023년도 최근 시점에서의 시장규모를 추정하는데, 2020년 자료밖에 없는 경우, 과거 3년 치 해당 시장의 성장률 자료를 활용해서 2023년 시장규모를 추정하면 된다.

3. 시장 특성의 이해

시장이 나와 경쟁자, 그리고 고객이 사업을 영위하는 각축장이라면 이러한 시장은 어떤 사업을 영위하는가에 따라 그 특성이 다르다.

따라서 시장을 분석하여 그 매력도를 판단하기 위해서는 각각의 시장이 가지는 특성을 이해하는 것이 중요하다. 시장을 축구 경기장에 비유하자면 경기장은 그 크기가 일정함에도 불구하고 경기장이 어디에 위치하는지에 따라, 종합 경기장인지 또는 전용 경기장인지에 따라, 또는 경기장의 잔디나 흙의 상태에 따라 나름의 특성이 있다. 경기에 임하는 축구선수들이 각 경기장마다의 이러한 특성을 감안하여 시합에 임해야 하듯이, 영업사원들은 자신이 영업을 하는 해당 시장의 특성을 이해하고 이를 자신의 영업에 활용하여야 한다.

시장의 특성을 이해하기 위해서는 먼저 해당 시장에서 '마이클 포터Michael Porter의 다섯 가지 힘Five Forces'이 어떻게 작용하는지를 살펴보는 것이 유용하다. '마이클 포터의 다섯 가지 힘'이란 어떤 시장이든지 해당 시장에 작용하는 다섯 가지의 힘을 말한다. 다섯 가지의 힘들이 각각의 시장에서 어떻게 작용하는지를 이해함으로써 특정 시장에서 시장 참여자들의 경쟁의 정도를 이해하고, 시장의 매력도를 판단하는 데 도움이 된다는 이론이다. 마이클 포터가 말하는 다섯 가지의 힘이란 다음과 같다.

첫 번째 힘 : 경쟁자와 나를 포함하는 기존 시장 참여자들 간의 경쟁 강도
특정 시장에서 시장 참여자들의 수가 많으면 적은 경우에 비해 해당 시장은 매력적이라고 판단할 수 있다. 하지만 시장 참여자들의 절대적인 숫자보다 더 중요한 것은 시장 지배적 위치에 있는 시장 참여자가 존재하는가

이다. 만약 존재할 경우, 시장은 이들의 강한 영향력으로 인하여, 다른 사업자들의 입장에서는 매력적이지 않을 수 있다.

두 번째 힘 : 경쟁자와 나를 포함하는 시장 참여자들과 각종 원재료 또는 부품을 공급하는 공급자들 간의 힘의 균형 내지 교섭력 Bargaining Power **의 차이**

특정 시장에서 시장 참여자들과 각종 원재료 또는 부품을 공급하는 공급자들 간에 그 힘의 균형에 있어 시장 참여자들의 힘이 공급자들보다 더 큰 경우, 시장 참여자들의 입장에서 해당 시장은 매력적이라고 판단할 수 있다. 특정 시장에서 공급자들의 수가 많거나 또는 공급자들의 입장에서 자신들의 전체 매출 또는 이익에서 해당 시장 참여자들이 기여하는 비중이 클 경우, 일반적으로 이들 공급자들에 비해 시장 참여자들의 교섭력이 크다고 볼 수 있다.

세 번째 힘 : 경쟁자와 나를 포함하는 시장 참여자들과 제품을 구매하는 구매자들 간의 힘의 균형 내지 교섭력 Bargaining Power **의 차이**

특정 시장에서 시장 참여자들과 구매자들과의 힘의 균형에 있어 시장 참여자들의 힘이 구매자들보다 더 큰 경우, 시장 참여자들에게 시장은 매력적이다. 특정 시장에서 구매자들의 수가 많거나 또는 구매자들의 입장에서 자신들의 구매액 또는 구매량이 해당 시장 참여자들의 매출 또는 이익에서 차지하는 비중이 작을 경우, 일반적으로 이들 구매자들에 비해 시장 참여자들의 교섭력이 크다고 볼 수 있다.

네 번째 힘 : 특정 시장에 진입하고자 하는 신규 진입자들의 위협의 정도

신규 진입자들이 특정 시장에 진입하고자 할 때 진입 장벽이 높아서 누구나 쉽게 해당 시장에 진입할 수 없는 경우, 즉 신규 진입자들의 위협의 정도가 낮은 경우 기존 시장 참여자들에게 시장은 매력적이다. 반대로 해당 시장에 대한 진입 장벽이 낮아서 신규 진입자들이 쉽게 해당 시장에 진입할 수 있는 경우, 기존 시장 참여자들의 입장에서 해당 시장은 매력적이지 않다.

다섯 번째 힘 : 기존 제품을 대체할 수 있는 다른 제품의 위협의 정도

특정 시장에서 고객들이 기존 제품을 통해 누릴 수 있는 가치를 다른 제품을 통해서도 누릴 수 있다면, 즉 대체 제품의 위협의 정도가 높은 경우 기존 시장 참여자들의 입장에게 시장은 매력적이지 않다. 반대로 해당 시장에서 대체 제품이 존재하지 않거나 대체 제품을 조기에 개발하기가 쉽지 않은 경우, 즉 대체 제품의 위협의 정도가 낮을 때 기존 시장 참여자들의 입장에서 시장은 매력적이다.

앞서 살펴본 다섯 가지 힘 이외에 다음과 같은 요인들을 살펴보면 시장의 특성을 이해하고, 나아가 시장의 매력도를 판단하는 데 도움이 된다.

- **시장의 규모** : 시장규모가 큰 경우, 시장규모가 작은 경우에 비해 일반적으로 해당 시장은 매력적이다.

- **시장의 수익성** : 기존 시장 참여자들의 전반적인 사업 수익성을 살펴볼 때, 그들의 수익성이 높은 경우, 수익성이 낮은 경우에 비해 시장이 매력적이라고 할 수 있다.

- **철수 장벽** : 기존 시장 참여자들이 해당 시장에서 사업을 철수하고자 할 때 비교적 적은 비용으로 쉽게 철수할 수 있어 철수 장벽이 낮은 경우, 기존 시장 참여자들 간의 경쟁 강도는 다소 약할 수 있다. 한편 기존 시장 참여자들이 해당 시장에서 사업을 철수하고자 할 때 철수에 많은 비용이 들고 또 여러 가지 이유로 철수가 어려워서 철수 장벽이 높은 경우, 기존 시장 참여자들은 사업을 포기하지 못하고 어쩔 수 없이 해당 시장에서 죽기 살기로 경쟁할 수밖에 없다. 이럴 경우 해당 시장 내에서 기존 시장 참여자들 간의 경쟁 강도는 매우 강하고 시장의 매력도는 급격하게 낮아지게 된다.

시장 특성 이해를 위한 요소들

- 시장규모가 큰가, 작은가?
- 수익성이 좋은 시장인가, 나쁜 시장인가?
- 시장 내에 사업자가 많은가, 적은가?
- 시장 지배적 사업자가 있는가, 없는가?
- 진입 장벽과 철수 장벽은 높은가, 낮은가?
- 공급자의 교섭력이 큰가, 작은가?
- 구매자의 교섭력이 큰가, 작은가?
- 대체 제품이 있는가, 없는가?

4. 시장 동향 파악

시장의 매력도를 판단할 때 시장의 특성뿐만 아니라 시장의 최근 동향을 파악하는 일은 반드시 필요하다. '시장의 특성'이란 일정 기간 동안 바뀌지 않고 유지된다는 면에서 정(靜)적이라고 볼 수 있는 반면, '시장의 동향'이란 시장이 어떤 경향 또는 추세에 따라 일정 기간 동안 움직이는, 동(動)적이라는 점에서 시장의 특성과 차이가 있다. 시장을 축구 경기장에 비유해 보자. 경기장의 위치, 경기장의 목적, 또는 경기장의 잔디나 흙의 상태 등이 시장의 특성에 해당하는 요소들이라면, 경기 당일의 날씨, 팬의 규모 등과 같이 경기에 영향을 미치며, 매 순간 변하는 다양한 요인들이 시장의 동향에 해당하는 요소들이다.

시장 동향과 관련하여 파악해야 하는 기본적인 요소들은 시장 안에서 시장에 영향을 미치는 시장 내부요소들과 시장 밖에서 시장에 영향을 미치는 시장 외부요소들로 크게 나누어 살펴볼 수 있다. 먼저 시장 동향과 관련하여 파악해야 하는 시장 내부요소들은 다음과 같다.

시장이 커지고 있는가, 정체되어 있는가, 또는 작아지고 있는가?

시장의 특성을 결정하는 시장규모는 끊임없이 변화한다. 시장이 커지고 있다면 신규 진입자의 위협을 무시해도 된다는 전제하에서 기존 시장 참여자들의 파이가 커질 수 있으므로 시장이 매력적이라고 할 수 있다. 잠재적 신규 진입자의 입장에서도 시장이 커지고 있다면 시장의 일부라도 가저갈 수 있는 가능성이 커지기 때문에 매력적이다. 반면 시장이 정체되어 있거나 작아지고 있는 경우, 해당 시장의 매력도는 낮아진다. 따라서 시장을 분석할 때는 시장규모, 즉 시장의 절대적 크기뿐만 아니라 시장이 얼마나 커지고 있는지 시장 성장률을 함께 살펴보아야 한다.

물론 시장의 절대적 규모가 크고 시장이 가파르게 성장하고 있으면 기존 시장 참여자들뿐만 아니라 잠재적 신규 진입자들에게 해당 시장은 틀림없이 매력적일 것이다. 하지만 시장의 절대적 규모가 큰 경우, 시장에는 이미 상당한 영향력을 가진 시장 지배적 사업자들이 존재할 가능성이 크다. 따라서 스타트업 사업자의 입장에서 시장의 매력도를 분석할 경우, 시장의 절대적 규모보다는 시장의 성장률이 더 중요하다. 즉, 스타트업 사업자가 여러 시장들을 사업후보군으로 올려놓고 시장을 분석한 결과, 특정 시장에서 당장은 시장의 절대적 규모가 작아서 아직 시장 지배적 사업자가 나타나지 않았지만 시장이 빠르게 커지고 있는 경우, 이 시장은 다른 시장에 비해 매력도가 높은 것으로 판단하여 해당 시장으로의 진출을 우선 검토하는 것이 필요하다.

새롭게 시장에 진입하는 사업자가 많은가, 적은가?

시장 분석에 있어서 시장의 특성상 신규 진입자들의 위협의 정도가 어느 정도인지 살펴보는 것과 더불어 실제로 시장에 새롭게 진입하는 사업자가 어느 정도가 되는지 그 동향을 살펴보아야 한다. 신규 진입하는 사업자들이 많은 경우는 시장이 매력적이라고 할 수 있다.

시장에서 철수하는 사업자가 많은가, 적은가?

시장의 특성상 철수 장벽이 어느 정도인지 살펴보는 것과 더불어 실제로 시장에서 철수하는 사업자가 어느 정도가 되는지 시장의 동향을 살펴보아야 한다. 시장에서 철수하는 사업자들이 많은 경우, 해당 시장은 매력적이지 않다. 시장에서 철수하는 사업자들이 많다는 것 자체가 바로 해당 시장이 매력적이지 않다는 반증일 수 있기 때문이다.

시장 내 기존 사업자들 간의 경쟁이 심해지고 있는가, 아닌가?

시장 특성을 이해하기 위해 시장 내 기존 사업자들 간의 경쟁 강도를 살펴볼 때는 주로 시장 내 사업자들의 수가 많은가, 적은가 그리고 사업자들 가운데 시장 지배적 사업자가 있는가, 없는가 등을 검토한다. 반면 시장 동향을 파악하기 위해 시장 내 기존 사업자들 간에 존재하는 경쟁 정도를 살펴볼 때는 특별히 사업자들 간의 경쟁 정도가 이전에 비해 더 격화되고 있는지 아닌지를 검토하는 것이 중요하다. 기존 사업자들 간에 존재하는 경쟁의 강도가 이전보다 더 격화되고 있다면 시장의 매력도가 떨어진다고 볼 수 있고, 기존 사업자들 간에 존재하는 경쟁의 강도가 더 약해지고 있다면 시장의 매력도가 상대적으로 높아진다고 볼 수 있다.

최근 시장에서 기업 간 인수 합병이 활발한가, 아닌가?

시장에서 기업 간 인수 합병이 활발하다면 시장이 향후 더 커질 가능성이 희박하여 기존 사업자들 간에 비용 절감 또는 시장지배력 확보를 목적으로 합치는 경우일 가능성이 있다. 이러한 동향을 보이는 시장의 경우, 일반적으로 시장의 매력도는 낮다고 판단할 수 있다.

최근 시장에서 시장 세분화가 이루어지고 있는가, 아닌가?

시장에서 사업자들 간에 저마다의 타깃 고객들을 명확히 구분하여 해당 고객들의 니즈를 충족하기 위한 나름의 차별화된 제품 또는 서비스들을 출시하고 있다면 해당 시장에서 시장 세분화가 이루어지고 있다고 볼 수 있다. 이럴 경우는 보통 시장이 상당히 성숙된 상태에서 시장 성장이 정체되어 있거나 오히려 시장규모가 작아지고 있을 때이다. 이러한 동향을 보이는 시장의 경우, 일반적으로 시장의 매력도는 낮다고 판단할 수 있다.

대체품이 기존 시장을 잠식하고 있는가, 아닌가?

시장의 특성을 이해하기 위해서 해당 시장에서 대체품의 위협 정도가 어느 정도인지를 살펴보아야 한다. 뿐만 아니라 시장의 동향을 파악하기 위해서 실제로 해당 시장에서 대체품이 어느 정도 시장을 잠식하고 있는지, 그리고 그 잠식의 정도가 예전에 비해서 더 심해지고 있는지 아닌지 등을 살펴보아야 한다.

시장 동향 파악을 위한 시장 내부요소들

- 시장이 커지고 있는가, 정체되어 있는가, 작아지고 있는가?
- 새롭게 시장에 진입하는 사업자가 많은가, 적은가?
- 시장에서 철수하는 사업자가 많은가, 적은가?
- 시장 내 사업자들 간의 경쟁이 심해지고 있는가, 아닌가?
- 최근 시장에서 기업간 인수 합병이 활발한가, 아닌가?
- 최근 시장에서 시장 세분화가 이루어지고 있는가, 아닌가?
- 대체품이 기존 시장을 잠식하고 있는가, 아닌가?

다음으로 시장 동향과 관련하여 파악해야 하는 요소들 가운데 시장 밖에서 시장에 영향을 미치는 시장 외부요소들에 대하여 살펴보자.

최근 들어 시장을 둘러싼 주변 환경이 급격하게 변함에 따라 향후 시장 변화를 예측하는 것이 더욱 불확실해졌고, 복잡하고 모호하기 때문에 시장 내부요소들보다 오히려 시장 외부요소들의 중요성이 더 부각되고 있다.

시장 외부요소들을 정치적 요소들Political Factors, 경제적 요소들Economic Factors, 사회적 요소들Social Factors, 기술적 요소들Technological Factors, 환경적 요소들Environmental Factors과 법적 요소들Legal Factors로 나누어 살펴보는 것을 'PESTEL 분석'이라고 한다.

- **정치적 요소들** : 시장과 관련된 대외무역 정책, 조세 정책 또는 노동 정책 등 정부의 각종 정책들을 포함하는 정치적 요소들에 따라 특정 시장에서 사업을 하는 시장 참여자들에게 유리하게 또는 불리하게 작용할 수 있다.

• **경제적 요소들** : 특정 국가 내지 지역의 경제 성장률, 이자율, 환율, 인플레이션, 소비자들의 가처분 소득의 정도 등을 포함하는 다양한 경제적 요소들에 따라 특정 시장의 매력도에 큰 영향을 미칠 수 있다.

• **사회적 요소들** : 인구증가율, 고령화 추세, 1인 가구의 증가, 빈부 격차의 심화 등 사회적 요소들에 따라 특정 시장이 성장할 수도 있고 줄어들 수도 있다. 예를 들어, 최근의 고령화 추세에 따라 50~60대 액티브 시니어들을 대상으로 하는 시장이 크게 성장하고, 또 1인 가구의 증가로 인해 이를 대상으로 하는 다양한 사업들의 시장이 크게 성장하고 있다.

• **기술적 요소들** : 기술의 발전에 따라 특정 시장이 성장할 수도 있고 줄어들 수도 있다. 최근 AI 관련 기술의 상용화 또는 2차 전지와 관련된 기술의 발전으로 인하여 관련 시장이 크게 각광을 받고 있다.

• **환경적 요소들** : 친환경 소재 사용 확대, 탄소 중립을 위한 국가와 기업의 노력 등 환경 관련 각종 조치들로 인하여 관련 시장이 성장할 수도 있고 줄어들 수도 있다.

• **법적 요소들** : 최근 소비자 권리를 강화하는 내용의 각종 법 규정들과 건강과 안전에 대한 규제를 강화하는 내용의 각종 법 규정, 그리고 중대재해 발생과 관련하여 사용자의 책임을 강화하는 내용의 각종 법 규정들로 인하여 관련 시장의 참여자들에게 유리하게 또는 불리하게 작용할 수 있다.

시장 동향 파악을 위한 시장 외부요소들

- 정치적 요소들: 정부의 대외무역, 조세, 노동정책 등
- 경제적 요소들: 경제성장률, 이자율, 환율, 인플레이션, 가처분 소득 정도 등
- 사회적 요소들: 인구증가율, 고령화 추세, 1인 가구 증가, 빈부격차 심화 등
- 기술적 요소들: AI관련 기술의 상용화, 2차 전지 관련 기술의 발전 등
- 환경적 요소들: 친환경 소재 사용, 탄소 중립 실천 노력 등
- 법적 요소들: 소비자 권리 강화, 건강과 안전에 대한 규제 강화 등

5. 시장 매력도 판단

시장 분석 즉, 시장의 특성과 동향을 살펴보는 목적은 해당 시장이 시장 참여자들에게, 그리고 영업사원인 나에게 어느 정도 매력적인 지를 판단하기 위해서이다. 이렇게 판단한 시장의 매력도를 바탕으로 궁극적으로 해당 시장에 대한 나의 자원 투입을 늘릴 것인지 또는 줄일 것인지 결정하게 된다.

그런데 시장의 매력도를 판단할 때 시장의 특성 또는 시장의 동향과 관련된 다양한 요인들이 모두 반드시 나에게 유리하거나 불리한 한 방향으로만 작용하는 것은 아니다. 경우에 따라 어떤 요인은 유리하게 하지만 다른 요인은 불리하게 작용할 수도 있다.

예를 들어 공급자와의 교섭력에 있어 기존 시장 참여자들의 힘이 공급자들에 비해 강해 시장이 매력적이라고 판단되지만, 해당 시장에 대한 진입장벽이 낮아 신규 진입자들의 위협의 강도가 강하면 시장은 매력적이지 않다고 판단된다.

또는 시장의 특성은 기존 시장 참여자의 입장에서 매력적이지 않지만, 최근의 시장 동향은 오히려 매력적인 방향으로 전개될 수 있다. 시장 내부요인들을 살펴보면 시장이 매력적인 방향으로 전개되는 것으로 판단되지만, 시장 외부요인들을 살펴보면 오히려 시장의 매력도가 떨어지는 방향으로 전개되는 것으로 판단될 수도 있다.

따라서 특정 요인만을 살펴보고 시장의 전반적인 매력도를 성급하게 결정하기보다, 여러 다양한 요인들을 종합적으로 살펴보고 시장의 매력도를 판단하는 것이 바람직하다.

뿐만 아니라 영업사원이 자신이 담당하는 시장의 매력도를 판단할 때는 전반적인 시장의 매력도를 판단하는 데 중요한 근거가 되는 각각의 요인들이 자신에게 유리한 기회요인으로 작용하는지 또는 불리한 위협요인으로 작용하는지를 따로 정리하는 것이 필요하다. 그래서 영업전략 수립의 네 번째 단계에서 여러 방안들 가운데 영업전략으로 삼을 최적안을 선택할 때 각종 기회요인들과 위협요인들을 종합적으로 고려하여야 한다. 이때 기회요인과 위협요인으로 정리한 각종 요인들의 단순한 숫자의 합보다는 각각의 요인이 시장의 매력도를 판단하는 데 얼마나 중요한 영향을 미치는지 질적인 요소를 우선적으로 고려하여야 한다.

6. 시장 특성 및 동향 파악을 위한 방법들

시장 특성과 동향을 파악하기 위해서는 현장 방문 및 관찰, 관계자 인터뷰 또는 2차 자료 조사 등 다양한 방법을 사용할 수 있다. '현장 방문 및 관찰'의 경우, 조사에 많은 시간과 비용이 들지만, 조사의 목적을 먼저 정한 뒤 현장 방문 및 관찰이 이루어지기 때문에 결과물의 가치가 높다. 한편 '2차 자료 조사'의 경우 다른 목적을 위하여 이미 생성된 2차 자료를 수집하여 이번 조사의 목적에 부합하는 한도 내에서 활용하는 것이므로 조사에 많은 시간과 비용이 들지 않지만, 현장 방문 및 관찰에 비하여 결과물의 가치가 낮은 경우가 많다.

'관계자 인터뷰'는 시장 내에서 사업을 수행하는 이해관계자들 즉, 고객사 내지 경쟁사의 담당자를 대상으로 하는 내부 관계자 인터뷰와 시장 내 이해관계자는 아니지만 해당 시장과 밀접하게 관련된 기관들 예를 들어 관련 협회, 관련 분야 연구소, 대학교 내지 증권사 등에서 일하고 있는 직원, 연구원, 교수 내지 애널리스트를 대상으로 하는 외부 관계자 인터뷰로 나눌 수 있다.

업종에 따라 영업사원이 영업지역에 제한을 두지 않고 전국을 대상으로 영업을 하는 경우도 있고, 특정 지역 내 특정 상권을 대상으로만 영업을 하는 등 영업사원의 영업지역에 제한을 두는 경우도 많다.

영업사원이 특정 지역 내 특정 상권을 대상으로 영업을 하는 경우, 분석해야 하는 시장은 바로 해당 지역 내 상권이다. 이때 영업사원은 해당 지역 내 상권의 특성과 동향을 파악하기 위해 현장 답사, 지역 키맨 활용, 지역 정보지 이용 및 인터넷 검색 등의 조사 방법을 사용할 수 있다.

먼저 '현장 답사'는 지역 상권의 활성화 정도, 상권 형성 과정, 유동인구 규모와 거주인구 분포 등의 정보를 얻기 위해 현장을 방문하여 직접 눈으로 관찰하고 확인하는 방법이다. '지역 키맨 활용'은 지역 내 방문판매 사원, 부동산 중개인, 점포 상인 등 지역 내 정보 흐름의 중심에 있는 사람들을 통하여 지역 정보를 수집하는 방법이다. '지역 정보지 이용'은 지역 내 각종 정보를 다루는 현지 매체들을 꾸준히 살펴봄으로써 담당 지역에 대한 각종 정보를 파악하는 방법이다. '인터넷 검색'은 인터넷에 실린 각종 지역 관련 기사, 통계자료 또는 포털 검색을 통하여 지역의 관련 정보를 파악하는 방법이다.

현장 답사와 지역 키맨 활용 등의 방법들은 정보 획득에 상대적으로 많은 자원 투입을 요구하지만 획득 정보의 가치가 높은 반면, 지역 정보지 이용이나 인터넷 검색 등의 방법들은 상대적으로 적은 자원 투입을 필요로 하지만 획득 정보의 가치가 낮을 수 있다.

영업사원들은 여러 조사 방법들 가운데 한 가지만을 선택하기보다는 조사의 목적과 조사의 시간, 비용 그리고 예상되는 조사의 난이도 등을 종합적으로 고려하여 해당 상황에 맞게 여러 조사 방법들을 유연하게 조합하여 사용하는 것이 바람직하다.

지역상권 특성/동향 파악방법	주요 내용
현장 답사	지역 상권의 활성화 정도, 상권 형성 과정, 유동인구와 인구 분포 등에 관하여 현장을 방문하여 직접 눈으로 관찰함
지역 키맨 활용	지역 내 방문판매 사원, 부동산 중개인, 점포 상인 등 지역 내 키맨을 통하여 수시로 지역 정보를 수집함
지역 정보지 이용	지역 정보지를 꾸준히 살펴봄으로써 담당 지역 내 부지 용도 변경, 도시개발 계획 등 거시적 환경변화 추이를 파악함
인터넷 검색	인터넷에 실린 각종 지역관련 기사, 통계자료 또는 포털 검색을 통해 지역 개발정보를 꾸준히 입수함

획득 정보가치가 높을 수 있지만, 많은 자원 투입이 필요함

⇅

적은 자원 투입으로 가능하지만, 획득 정보가치가 낮을 수 있음

7. 시장 분석결과의 예시

앞서 B2C 사업의 예시로 인용한 온라인 쇼핑몰 MD의 사례를 계속 살펴보자.

의류, 신발, 식품 및 가구 등 네 개 제품 카테고리의 상품 기획 및 판매를 담당하는 MD가 자신의 영업목표와 예상 영업실적과의 갭을 없애기 위해 어떤 카테고리 영업에 집중할지 결정하는 상황이다. 먼저 의류 카테고리와 신발 카테고리의 관련 제품 시장을 분석하는 경우

를 가정해 보자.

의류 시장과 신발 시장에 대한 분석결과, 시장의 특성 및 동향으로 다음과 같은 사실이 확인되었다. 의류 시장의 경우, 국내 시장규모가 1조 원 정도로 작지만, 지난 5년간 연평균 30%씩 고속 성장하고 있고, 업계 평균 영업이익률도 20% 정도로 높다. 또한 이 시장에서는 상위 두 개 업체들의 시장 점유율 합계가 70%로 매우 높아 이들 두 개 업체 위주로 이 시장의 경쟁 구도가 굳혀져 있음을 알 수 있다. 또 진입 장벽이 높아 잠재적 신규업체들의 해당 시장에 대한 진입의 위협이 낮으며, 공급자나 구매자의 교섭력이 낮아 기존 사업자들이 공급자나 구매자에 비해 우월한 지위에 있다.

이러한 모든 사실들은 기존 사업자들의 입장에서는 적극적으로 해당 사업에 대한 투자를 늘려야 하는 기회요인들이다. 다만 해외 고급 브랜드 TOP 3사가 모두 1~2년 내에 국내 시장에 진입 예정인 것은 기존 사업자들의 입장에서는 위협요인이 된다.

이렇게 시장의 특성 및 동향을 종합적으로 분석한 결과, 의류 시장의 경우 다수의 기회요인들이 유일한 위협요인을 압도하고 있어, 해당 시장은 사업자들의 입장에서 매우 매력적인 것으로 볼 수 있다.

다음으로 신발 시장에 대한 분석결과, 국내 시장 규모는 5조 원 정도로 크지만 지난 5년간 연평균 성장률이 1% 미만으로 최근 시장이 정체되어 있다. 그리고 업계 평균 영업이익률이 3% 미만으로 시장 내 수익률도 낮다. 게다가 진입 장벽도 낮고 공급자와 구매자의 교섭력이 커서 시장 내 기존 사업자들이 사업하기 어려운 시장 특성을 보이고 있다. 그 결과 최근 기존 업체 간에 경쟁이 더욱 치열해져 철수하는 업체 수가 급격히 증가하고 있다. 게다가 국내 경기침체의 장기화로 주 고객층의 구매력이 감소하고 있고, 주력 제품 관련 소비자의 불만이 터져 나오는 등 최근 시장의 동향이 기존 사업자들에게 우호적이지 않다. 이러한 모든 사실들은 해당 사업에 대한 투자를 줄여야하는 위협요인들이다. 다만, 시장 내 선도업체가 없으며 500여 개 군소 업체가 난립하고 있는 점은 해당 시장 내 지배력을 키우고자 할 때이를 견제할 위협적인 경쟁자들이 존재하지 않는다는 의미에서 기회요인으로 볼 수도 있다.

이렇게 시장의 특성 및 동향을 종합적으로 분석한 결과, 신발 시장의 경우 다수의 위협요인들이 유일한 기회요인을 압도하고 있어, 해당 시장은 더 이상 매력적이지 않은 것으로 볼 수 있다.

따라서 이러한 시장 분석 결과만을 놓고 판단할 때 영업사원은 의류 카테고리 제품에 대한 자원 투입을 늘리고, 신발 카테고리 제품에 대한 자원 투입을 줄이는 방향으로 영업전략을 수립하는 것이 바람직하다. 이러한 시장 특성 및 동향에 대한 분석결과를 정리하면 다음과 같다.

분석대상 시장	시장의 특성 및 동향 분석결과 예시	시장 매력도
의류 시장 →	· 국내 시장규모가 1조 원 정도로 작으나, 지난 5년간 연평균 30%씩 성장하고 있음 · 업계 평균 영업이익률이 20% 정도로 높음 · 두 개 선도업체가 시장을 장악하고 있음(두 개 업체의 시장 점유율 합계가 70%임) · 진입 장벽이 높고 공급자의 교섭력과 구매자의 교섭력이 모두 작음 · 해외 고급브랜드 TOP 3사가 모두 1-2년 내에 국내 시장에 진입 예정임	→ 매우 매력적인 시장으로, 지속적으로 자원 투입을 대폭 늘려야 함
신발 시장 →	· 국내 시장규모가 5조 원 정도로 큼 · 지난 5년간 연평균 성장률이 1% 미만으로 시장이 정체 상태임 · 업계 평균 영업이익률이 3% 미만으로 낮음 · 시장 선도업체가 없으며 500여 개 군소 업체가 난립하고 있음 · 기존 업체간 경쟁이 치열하고 철수하는 업체 수가 급격히 증가하고 있음 · 진입 장벽이 낮고 공급자의 교섭력과 구매자의 교섭력이 모두 큼 · 국내 경기침체의 장기화로 주 소비자층의 구매력이 급격히 감소하고 있음 · 주력 제품 관련 소비자 불만이 폭주하고 제품 결함으로 인한 리콜이 많아지고 있음	→ 더 이상 매력적이지 않은 시장으로, 가급적 자원 투입을 줄여야 함

물론 영업전략을 수립할 때 영업사원이 분석해야 하는 것은 시장만이 아니다. 시장분석 외에 추가적으로 경쟁자와 고객, 그리고 나에 대한 분석결과를 종합하여 보다 적합한 방안을 선택해야 한다. 이제 영업전략 수립을 위해 두 번째로 분석해야 하는 경쟁자의 위협정도 파악에 대해 살펴보자.

✄ [3-1단계] 시장의 매력도 평가

1 시장을 분석한다는 것은 시장의 범위를 정하고 시장규모를 추정하며 시장의 구조적인 특성을 이해하고 각종 내부요소들과 외부요소들에 따른 시장의 동향을 파악하는 작업이다.

2 시장 분석의 목적은 궁극적으로 시장이 얼마나 시장 참여자들 특히 나에게 매력적인지를 평가하기 위해서이다. 시장이 매력적이면 자원 투입을 늘리고 시장이 매력적이지 않으면 자원 투입을 줄이는 것이 바람직하다.

3 영업사원은 수준 높은 영업전략 수립을 위해 현장 방문 및 관찰, 관계자 인터뷰 또는 2차 자료 조사 등 다양한 방법들 가운데 자신에게 가장 적합한 방법을 정하여 꾸준히 시장 특성 및 동향을 파악하는 것이 중요하다.

제2절 경쟁자의 위협정도 파악

영업전략 수립을 위해 분석해야 하는 두 번째 대상은 '경쟁자'이다. 경쟁자에 대한 분석은 먼저 해당 시장에서 누가 나의 경쟁자인지 정의하고, 경쟁자들의 특성과 동향 정보를 수집한 뒤 내가 대응할 만한 가치가 있는 의미 있는 경쟁자들의 동향 정보를 기회요인과 위협요인으로 정리해 궁극적으로 경쟁자의 위협정도를 파악하는 작업이다.

시장이라는 각축장에서 경쟁자와 나는 고객의 지갑을 열기 위해 선의의 경쟁을 하는 서로의 상대팀이다. 축구 시합에서 승리하기 위해서는 상대팀 선수들의 강점과 약점 그리고 시합 당일의 컨디션과 상대 팀의 전략 전술에 대해 잘 파악하고 있어야 하듯 영업전략 수립에 있어 경쟁자에 대한 분석은 매우 중요하다.

1. 누가 나의 경쟁자인가?

영업사원의 역할이란 고객의 만족도를 높이거나 불만족도를 줄이기 위해 고객이 원하는 가치Value를 고객에게 제공하는 것이다. 고객은 본인에게 상당히 의미 있다고 여겨지는 가치를 누릴 것이라 판단하는 경우에 한 해 비로소 과감하게 지갑을 열어서 해당 제품을 구매하려고 할 것이며, 아무리 제품이 훌륭하더라도 그 가치를 인정할 수 없으면 제품을 구매하지 않는다. 결국 고객에게 중요한 것은 특정 제품 그 자체보다 해당 제품에 내재되어 있는 '고객 가치'이다.

영업사원의 경쟁자는 '나와 동일한, 또는 유사한 제품으로 판매 활동을 하는 상대방'으로 좁게 이해하기 쉽다. 그런데 에이드리언 슬라이워츠키Adrian Slywotzky는 고객에게 중요한 것은 제품 그 자체보다 '고객 가치'라는 점에 주목해 경쟁자의 범위를 넓게 인정했다. 그는 고객들에게 동일한 가치를 제공할 수 있다면 그것을 전달하는 수단이 다르다고 해도 누구나 경쟁자라고 주장하며, 경쟁자의 범위에 직접 경쟁자뿐만 아니라 간접 경쟁자와 잠재 경쟁자를 포함하였다.

그에 따르면, '직접 경쟁자'는 나와 동일한 제품이나 서비스를 가지고 나와 동일한 고객 가치를 제공하는 사업자를 의미한다. '간접 경쟁자'는 비록 제품이나 서비스가 다르더라도 나의 고객에게 나와 동일한 고객 가치를 제공하는 사업자를 의미한다. '잠재 경쟁자'는 현재 나의 고객에게 나와 동일한 고객 가치를 제공하고 있지 않더라도 조만간 미래에 동일한 고객 가치를 제공할 가능성이 큰 사업자를 의미한다.

슬라이워츠키는 그의 레이더 스크린The Radar Screen 분석에서 직접 경쟁자들의 동향뿐만 아니라 간접 경쟁자들과 잠재 경쟁자들의 동향 또한 살펴보아야 한다고 주장한다. 이러한 '레이더 스크린 분석'은 경쟁에 대한 시각을 경쟁자에서 고객으로, 그리고 제품 내지 서비스에서 고객 가치로 옮기는 발생의 전환을 제시하고 있다.

슬라이워츠키가 제시한 경쟁자의 범위를 예를 들어 살펴보자. 수도권 아파트 밀집지역 상권에 있는 중소형 슈퍼마켓들을 통해 특정 회사의 우유 제품을 납품하는 영업사원에게 누가 그의 경쟁자들인지 알아보자.

이 영업사원의 주요 고객들은 해당 지역 내 상권에 거주하는 초등학생 자녀들을 둔 학부모들이고, 이들이 추구하는 고객 가치는 성장기 자녀들의 건강한 발육이라고 가정하자. 이때 해당 상권에서 우유 제품을 납품하는 영업사원의 직접 경쟁자는 동일한 상권에서 중소형 슈퍼마켓들을 통해 경쟁사의 우유를 납품하는 영업사원들이다. 이들이 판매하는 서울우유 '나 100%' 제품이나 남양유업 '맛있는 우유 GT' 제품들은 내가 판매하는 매일유업 '소화가 잘되는 우유' 제품과 속성이 유사하고 고객 가치도 동일하기 때문이다.

한편 한국야쿠르트의 제품이나 베지밀의 '맛있는 베지밀 B' 제품은 우유 제품은 아니지만 성장기 자녀들의 건강한 발육을 원하는 부모들에게 우유 제품들과 동일한 고객 가치를 제공한다는 점에서 간접 경쟁자의 제품들이라고 할 수 있다. 그리고 풀무원 'I'm real'과 같은 과일주스 제품이나 CJ 제일제당의 '쁘띠첼'과 같은 어린이 간식용 푸딩 제품들은 우유 제품도 아니고 우유 제품과 동일한 고객 가치를 제공하지도 않지만, 조만간 동일한 고객 가치를 제공할 가능성이 크다는 점에서 잠재 경쟁자 제품들이라고 할 수 있다.

영업사원은 레이더 스크린 분석을 활용해 자신의 경쟁자의 범위를 직접 경쟁자뿐만 아니라 간접 경쟁자와 잠재 경쟁자로 넓게 정의하고, 이들 경쟁자들의 특성과 동향을 면밀히 살펴보는 것이 바람직하다. 특정 지역의 상권에서 특정 회사의 우유 제품을 납품하는 영업사원의 사례에서 그의 주요 경쟁자들이 누구인지 살펴본 예시를 정리하면 다음과 같다.

경쟁자의 종류		나의 주요 경쟁사 예시
직접 경쟁자	나와 동일하거나 유사한 상품, 기술 혹은 접근법을 가지고 동일 시장에서 현재 나와 경쟁하는 자	서울우유 - 나 100% 남양유업 - 맛있는 우유 GT
간접 경쟁자	나와 상품이나 기술, 접근법이 다르지만, 동일 시장에서 나와 동일한 고객가치를 추구하는 자	한국야쿠르트 - 야쿠르트 베지밀 - 맛있는 베지밀 B
잠재 경쟁자	현재 나와 경쟁하고 있지는 않지만, 가까운 미래에 동일 시장에서 나와 경쟁하게 될 수도 있는 자	풀무원 - I'm real CJ 제일제당 - 쁘띠첼

2. 경쟁자 특성 및 동향 파악

나의 경쟁자가 누구인지 정의한 다음에는 이들 경쟁자들의 기본적인 정보와 강·약점 등 경쟁자의 특성을 파악한다. 경쟁자의 기본적인 재무정보 즉, 최근 3년간 매출액 추이, 순익 추이, 경쟁자의 시장 점유율, 경쟁자의 주요 고객사들 정보는 물론이고, 경쟁자가 영업하는 주요 제품들의 특징에 대해서도 파악한다. 뿐만 아니라 경쟁자와 고객들 간의 관계와 관련된 사항들 즉, 경쟁자의 고객들이 나와 경쟁자를 중복 거래하는지, 중복 거래하는 이유는 무엇인지, 고객들이 경쟁자와의 거래에서 어떤 점을 만족하고 어떤 점이 불만인지, 그리고 고객들의 경쟁자에 대한 충성도는 어느 정도인지 등 다양한 정보를 파악한다. 이렇게 파악한 경쟁자들에 대한 기본 정보와 이들 경쟁자들과 그들의 고객과의 관계에 대한 정보들을 정리한 후 경쟁자와 나를 비교해 본다. 이때 객관적으로 경쟁자가 나에 비해 어떤 강점 또는 약점을 가지고 있는지, 그리고 경쟁자의 고객은 나와 비교할 때 어떤 점을 경쟁자의 강점으로 또는 약점으로 인식하는지를 살펴본다.

다음으로 경쟁자의 최근 동향을 파악한다. 관심을 가지고 살펴봐야 하는 경쟁자의 최근 동향에는 경쟁자가 그의 영업 역량을 어떤 지역, 어떤 고객 또는 어떤 제품에 집중하는지, 새롭게 출시한 제품이 있는지, 만약 있다면 고객으로부터 어떤 반응을 받고 있는지, 최근 어떤 판매촉진 활동을 전개하는지 등이 포함된다.

3. 경쟁자 위협정도 파악

경쟁자 분석 즉, 특정 시장에서 경쟁자들의 특성과 최근 동향을 살펴보는 목적은 나의 경쟁자들이 나의 영업에 얼마나 위협적인지를 파악하여 궁극적으로 영업전략 수립에 이를 반영하기 위해서이다. 다른 분석결과가 동일하다는 가정에서, 주요 경쟁자들이 다소 약하고 그들의 최근 동향이 나에게 위협적이지 않으면 기회요인으로 분류하고, 주요 경쟁자들이 강하고 그들의 최근 동향이 나에게 위협적이면 위협요인으로 분류한 후, 기회요인들이 위협요인들을 압도할 경우 나의 자원 투입을 늘리고, 위협요인들이 기회요인들을 압도할 경우 나의 자원 투입을 줄이는 것이 바람직하다.

그런데 시장의 매력도를 판단할 때와 마찬가지로 경쟁자의 특성 또는 최근 동향과 관련된 다양한 요인들이 반드시 나에게 유리하거나 불리한 하나의 방향으로만 작용하는 것은 아니다. 경우에 따라 어떤 요인은 나에게 유리하게 작용하는 반면, 다른 요인은 나에게 불리하게 작용할 수도 있다. 따라서 특정 요인만을 살펴보고 경쟁자들의 위협 정도를 성급하게 결정하기보다, 여러 다양한 요인들을 종합적으로 살펴보고 경쟁자들의 위협정도를 판단하는 것이 바람직하다.

4. 경쟁자 특성 및 동향 파악을 위한 방법들

시장 분석과 마찬가지로 경쟁자의 동향을 파악하기 위해서는 현장 방문 및 관찰, 관계자 인터뷰 또는 2차 자료 조사 등 다양한 방법을 사용할 수 있다. 특정 지역 내 특정 상권을 대상으로 영업하는 경우, 영업사원이 경쟁자들의 특성과 동향을 파악하기 위해서는 해당 지역 상권 내에 있는 거래처와 미거래처의 현장 방문 및 관찰, 거래처 직원에 대한 문의, 그리고 지역 키맨 활용 등의 방법을 고려할 수 있다.

현장 영업사원이라면 제품의 납품을 위해 담당 상권 내에 있는 거래처들을 수시로 방문해야 한다. 거래처를 방문해 자신이 납품하는 제품 매대뿐만 아니라 경쟁 영업사원이 납품하는 제품 매대도 함께 살펴봄으로써 경쟁 제품의 판매 규모, 판매 추이 또는 신제품 출시 등에 대한 의미 있는 정보를 획득할 수 있다. 또한 자신이 납품하는 제품의 판매 추이 내지 고객의 반응에 관해 거래처 직원들에게 문의할 때 경쟁 제품의 판매 추이와 고객의 반응에 대해서도 자연스럽게 파악할 수 있다. 경우에 따라서는 거래처에 출입하는 경쟁 영업사원과의 대화를 통해 경쟁자의 동향과 관련된 정보를 파악할 수도 있다. 하지만 이 경우에는 특별히 공정거래법상 담합의 우려가 있을 수 있으므로 가급적 신중하게 접근하는 것이 바람직하다.

무엇보다도 영업사원은 거래처뿐만 아니라 제품을 납품하지 않는 미거래처도 수시로 방문하여 경쟁 제품의 판매 추이 등 동향을 꾸준히 파악하는 것이 중요하다. 그리고 시장 관련 정보 수집과 마찬가지로 경쟁자에 대한 정보 수집을 위해 방문판매 사원, 부동산 중개인, 점포 상인 등 지역 내 정보 흐름의 중심에 있는 지역 키맨들과 좋은 관계를 유지하고 그들을 수시로 만나는 것도 필요하다. 결국 영업사원은 경쟁자의 특성과 동향 파악을 위해 의식적으로 노력하여야 한다.

경쟁자 동향 파악 방법	주요 내용
거래처 경쟁자 매대 관찰	정기적으로 거래처 경쟁자 매대 사진 촬영을 통해 경쟁자 매대의 확대 여부 및 주요 제품 판매 추이를 파악함
거래처 직원에 문의	해당 거래처에서 최근 경쟁자가 납품하는 경쟁 제품의 판매 추이 또는 고객 반응에 대해 거래처 직원에 문의함
미거래처 수시 방문 현장 관찰	담당지역 내 거래처를 방문할 때 평소에 다니지 않는 동선으로 이동하고, 또 미거래처를 수시로 방문하여 경쟁자 주력 제품의 판매 추이를 파악함
지역 키맨 활용	담당지역 내 키맨을 정기적으로 만나서 지역 내 주요 경쟁사의 최근 동향에 대한 정보를 수집함

5. 경쟁자 분석결과 예시

특정 지역의 상권에서 중소형 슈퍼마켓 등을 대상으로 특정 회사 우유 제품을 납품하는 영업사원이 경쟁자의 최근 동향을 어떻게 정리했는지 가상의 시나리오를 예를 들어 살펴보자.

이 영업사원의 직접 경쟁자들은 서울우유와 남양유업의 우유 제품을 취급하는 영업사원들이다. 각종 경로를 통하여 이들의 최근 동향을 파악한 결과, 서울우유 영업사원은 중산층 기존 아파트 밀집 지역을 중심으로 기존 주력 제품의 판매 확대에 힘을 쏟고 있었다. 반면 남양유업 영업사원은 도심재개발 지역에서 신규 거래처 확보에 주력하고 있다. 다음으로 간접 경쟁자들은 요구르트 제품을 취급하는 한국야쿠르트와 두유 제품을 취급하는 베지밀 영업사원들이다. 한국야쿠르트 영업사원은 지역 내 고급 신규아파트 밀집 지역에서 공격적 방문판매 영업을 준비 중인 것으로 알려졌으며, 베지밀 영업사원은 최근 프리미엄 신제품을 출시하여 초등학생 자녀를 둔 학부모들을 대상으로 집중 공략 중이며, 홈쇼핑 채널에서 상당한 영업성과를 거두고 있는 것으로 파악되고 있다. 조만간 영업사원이 담당하는 지역에서도 경쟁사 영업사원의 공격적 영업이 예상된다.

마지막으로 잠재 경쟁자들은 풀무원의 과일주스와 CJ 제일제당의 푸딩 제품을 취급하는 영업사원들인데, 먼저 풀무원 영업사원은 프리미엄 신제품으로 사무실 밀집 지역을 집중 공략 중이고, CJ 제일제당 영업사원은 학교 급식시장 등 틈새시장을 성공적으로 공략하고 있다.

이 지역에서 나와 경쟁하는 모든 영업사원들은 나름대로 특정 타깃 고객층을 대상으로 신규 거래처를 발굴하거나, 신제품을 개발해 신규 고객 밀집 거주 지역을 집중 공략하는 등 차별화된 영업전략을 추진하고 있다. 그리고 이들 각자의 영업전략들은 나름대로 상당한 성과를 거두고 있는 것으로 판단된다. 따라서 경쟁자 분석결과, 이 시장에서 경쟁자의 위협정도는 전반적으로 상당히 높은 것으로 판단된다.

주요 경쟁자		최근 동향 분석결과 예시	주목할 만한 시사점
직접 경쟁사	서울우유	7월부터 중산층 밀집 기존 아파트 지역 내 주요 거래처를 중심으로 매대 확대 및 1+1 할인행사를 공격적으로 시행 중임	기존 아파트 밀집 지역에서 기존 제품 판매 확대에 주력
	남양유업	8월부터 도심 재개발 지역 소재 미거래처를 대상으로 거래처 납품가의 대폭적 인하를 통해 신규 거래처 확보에 주력하고 있음	도심 재개발 지역에서 신규 거래처 확보에 주력
간접 경쟁사	한국야쿠르트	9월 신규 입주 예정인 대규모 고급아파트 단지를 중심으로 방문판매 영업사원 대폭 증원을 위한 채용 공고 중임	고급 신규아파트 지역에서 공격적 방문판매 영업 예상
	베지밀	청소년층을 위한 프리미엄 베지밀 신제품이 홈쇼핑 채널에서 올해 상반기 히트 상품으로 선정되는 등 최근 매출이 급증 있음	신제품으로 청소년층 고객 대상 집중 공략 예상
잠재 경쟁사	풀무원	7월부터 사무실 밀집 지역을 담당하는 기존 대리점을 교체했고, I'm real 등 과일주스 음료제품 판매에 주력하고 있음	프리미엄 신제품으로 사무실 밀집 지역 공략 중
	CJ 제일제당	3월부터 쁘띠첼 플러스 신제품으로 학교급식용 간식시장을 집중 공략 중인데 최근 매출이 급증하고 있음	초/중학생용 학교급식시장 공략이 성공적임

✎ [3-2단계] 경쟁자의 위협정도 파악

1   경쟁자를 분석한다는 것은 직접 경쟁자뿐만 아니라 간접 경쟁자와 잠재 경쟁자를 포함해 누가 나의 경쟁자인지 정의하고, 경쟁자들의 특성을 이해한 뒤 내가 주목할 만한 가치가 있는 경쟁자들의 동향을 파악하는 작업이다.

2   경쟁자 분석의 목적은 궁극적으로 경쟁자들의 위협정도를 파악하기 위해서이다. 경쟁자들이 위협적이지 않으면 자원 투입을 늘리고 경쟁자들이 위협적이면 자원 투입을 줄이는 것이 바람직하다.

3   영업사원은 수준 높은 영업전략 수립을 위해 현장 방문 및 관찰, 관계자 인터뷰 또는 2차 자료 조사 등 다양한 방법들 가운데 자신에게 가장 적합한 방법을 정하여 꾸준히 경쟁자의 특성 및 동향을 파악하는 것이 중요하다.

제3절 고객의 니즈 포착

영업전략 수립을 위해 분석해야 하는 세 번째 대상은 '고객'이다. 고객에 대한 분석은 먼저 해당 시장에서 내가 집중적으로 영업해야 하는 현재 그리고 미래의 주요 고객들이 누구인지 영업의 타깃을 정하여 이들 주요 고객들의 모습을 그려보는 것이다. 다음으로 주요 고객들이 어떤 니즈를 가지고 있으며, 또 그들의 불만 사항은 무엇인지 포착하여 기회요인과 위협요인으로 정리하고, 궁극적으로 과연 내가 주요 고객들의 니즈를 제대로 충족할 수 있는지 그 가능성을 파악하는 작업이다.

축구 경기에서 선수들은 상대팀 선수들과 승부를 겨루지만 결국 승리하기 위해서는 골대에 골을 많이 넣어야 한다. '시장'이라는 경기장에서 경쟁 영업사원들과 선의의 경쟁을 하고 있지만, 경쟁에서 승리하기 위해서는 결국 고객의 마음을 얻어 그들이 다른 경쟁 영업사원이 아닌 나에게 지갑을 열도록 하여야 한다. 그렇게 하기 위해서는 당연히 제품을 구매하는 고객이 누구인지, 고객이 어떤 고객 가치에 주목하고 있는지, 그리고 고객 가치가 최근에 어떻게 바뀌고 있는지를 잘 포착하는 것이 다른 각종 분석과 마찬가지로 효과적인 영업전략 수립에 있어 중요하다.

1. 누가 나의 고객인가?

영업사원의 경우 시장에 있는 모든 고객들을 대상으로 영업전략을 수립한다는 것은 효과적이지도 않고 현실적으로 가능하지도 않다. 모든 고객을 대상으로 한다는 것은 어떤 고객도 우선해서 고려하지 않겠다는 것과 동일한 의미이기 때문이다. 따라서 영업사원은 먼저 자신이 영업하는 시장에서 자신의 주요 고객을 설정하는 작업을 수행하여야 한다.

이를 위해 가장 먼저 수행해야 하는 작업이 'STP 분석'이다. 'STP 분석'에서 'STP'는 Segmentation, Targeting, Positioning이라는 영어 단어의 첫 글자를 조합한 말로 'STP 분석'은 전통적으로 마케팅에서 고객전략 수립을 위해 고객군을 나누는 데 사용하는 프레임이다. 이는 마케팅을 할 때 전체 고객들을 니즈가 뚜렷이 구별되는 여러 고객군으로 세분화하고Segmentation, 이 가운데 가장 매력적인, 또는 가장 자신 있는 고객군을 표적으로 정하고Targeting, 해당 고객군의 니즈에 맞게 제품 또는 서비스와 관련된 나의 위상을 정하는Positioning 일련의 작업을 의미한다.

2. 고객 특성 파악 및 니즈 포착

STP 분석을 통해 누가 나의 주요 고객인지 정했다면 이제 이렇게 정한 나의 주요 고객층이 어떤 특성을 가지고 있는지 그리고 무엇보다도 이들 고객들이 제품 구매와 영업사원의 서비스를 통해 충족하고자 하는 니즈는 무엇인지 파악하는 것이 필요하다. 개인 고객들을 대상으로 하는 B2C 사업의 경우와 기업 고객들을 대상으로 하는 B2B 사업의 경우 일반적으로 해당 고객들의 특성과 니즈가 확연히 다르다. 먼저 B2C 사업의 사례를 살펴보자.

특정 지역의 상권에 있는 중소형 슈퍼마켓 등을 대상으로 특정 회사 우유 제품을 납품하는 영업사원의 경우, 주요 고객층의 특성을 파악하기 위해 그들의 성별, 연령대, 소득과 재산 수준, 거주 지역 등 기본적인 고객 정보뿐만 아니라 가능하면 영업사원의 주요 고객층이 신규 고객인지 또는 단골 고객인지, 고객들이 단일 품목 제품을 주로 구매하는지 또는 복수의 품목을 한꺼번에 구매하는지를 파악해야 한다. 또한 그들이 구매하는 계절과 시간대는 언제인지, 구매하는 경우 평균 객단가와 연간 총 구매금액은 얼마인지, 그리고 특정 회사의 제품만을 사용하는지, 복수의 경쟁사 제품들을 함께 사용하는지 등도 파악하는 것이 좋다.

다음으로 주요 고객층의 니즈를 포착하기 위해 이들 주요 고객들이 제품을 구매하는 이유, 구매 만족도, 구매 관련 불만 사항, 그리고 특정 제품이나 브랜드에 대한 충성도를 파악하는 것이 필요하다. 그리고 이러한 고객 특성과 니즈와 관련된 정보는 가급적 많이 그리고 자세히 파악하는 것이 좋다.

이렇게 파악한 고객 정보를 바탕으로 누가 나의 고객이며, 그들은 어떤 특성과 니즈를 가지고 있는지 고객의 프로파일을 작성한다. B2C 사업의 주요 고객의 프로파일을 작성한 예는 다음과 같다.

B2C 사업 주요 고객 프로파일 예시

- 수도권 신축 아파트 밀집 지역 거주 초등학생 자녀를 둔 30~40대 주부
- 특정 카테고리 제품만 집중 구매
- 3-4월 및 9-10월 학기 초, 주 2-3회, 오후 5-6시에 주로 구매
- 평균 객단가 1-2만 원, 연간 100만 원 구매 단골고객
- 오프라인 슈퍼마켓 이용을 선호했으나 최근 온라인 구매 비중이 높아짐
- 자녀 건강과 안전에 대한 관심이 많음
- 특정 회사 제품만 구매하고 다른 회사 제품은 전혀 구매하지 않음
- 구매 이유는 품질에 만족하기 때문이지만 가격이 비싼 것이 불만임
- 특정 브랜드에 대한 충성도가 높음

이때 주의할 점은 첫째, 고객의 프로파일은 가급적 상세하게 작성해야 한다. 고객의 프로파일을 가지고 거리에 나가서 만나는 수많은 사람들 가운데 누가 나의 고객인지 쉽게 발견할 수 있을 정도로 구체적이면 좋다. 그러기 위해서는 앞서 언급한 대로 고객에 대한 정보를 많이, 그리고 자세히 파악해야 한다.

둘째, 나의 주요 고객군의 프로파일이 다른 고객군의 것과 확연히 구별될 정도로 명확하게 작성하는 것이 필요하다. 전체 고객을 구성

하는 여러 세부 고객군들 가운데 가장 매력적이거나 또는 가장 자신이 있다고 생각되는 고객군을 나의 주요 고객군으로 선택했다는 것은 매력도가 떨어지는 다른 고객군들을 의도적으로 선택하지 않았다는 뜻이기도 하다. 따라서 나의 주요 고객군의 프로파일을 명확히 작성함으로써 내가 선택하지 않은 고객군들의 프로파일을 충분히 짐작할 수 있도록 하는 것이 필요하다.

다음으로 기업 고객들을 대상으로 하는 B2B 사업의 경우 주요 고객의 특성과 니즈를 파악하기 위해 어떤 고객 정보를 파악하는 것이 필요한지 살펴보자.

먼저 주요 고객층의 특성을 파악하기 위해, 고객이 어떤 사업을 하는지, 언제 설립되었으며 종업원의 수는 몇 명인지 등 기본적인 사항을 파악한다. 이어서 최근 3년 정도 고객사의 매출액 추이, 순익의 추이, 시장 내에서 고객사의 시장 점유율, 고객사가 내수 또는 수출에 주력하는지 등 기본적인 고객의 사업 현황에 대한 정보를 파악한다. 다음으로 고객사가 우리 회사만 거래하는지, 또는 경쟁사도 중복 거래하는지 그리고 우리 회사와 거래하는 주된 이유는 무엇인지 우리와의 거래현황에 대한 정보 등도 파악한다.

다음으로 고객사가 우리 회사 또는 경쟁사와의 거래에 있어 중요하게 생각하는 요인들은 무엇인지, 고객의 니즈와 불만 사항과 관련된 정보를 파악한다. 예를 들어 품질, 납기, 가격, 불량 대응, 영업사원의 서비스 등 다양한 요인들 가운데 상대적으로 어떤 요인을 중요하

게 생각하고 다른 요인을 덜 중요하게 생각하는지 파악하는 것이 중
요하다. 그리고 중요하게 생각하는 요인들에 대해 우리 회사 또는 경
쟁사에 대해 고객이 어떻게 평가하는지 즉, 만족 내지 불만족하는 정
도를 파악하는 것이 필요하다. B2B 사업에서 주요 고객의 프로파일
을 작성한 예는 다음과 같다.

B2B사업 주요 고객 프로파일 예시

- 수도권 소재 자동차부품 제조업체, 20년 전 설립. 종업원 수 100명 규모 중소기업
- 최근 3년간 평균 매출액 1,000억 원, 매출액 증가 정체 상태
- 내수 위주 사업에 주력했으나, 작년부터 북미지역 시장 수출로 일부 매출 발생 중
- 최근 3년간 순이익 평균 50억 원, 시장 점유율 30%로 업계 2위 규모
- 우리 회사와 신제품 공동개발 후 2년째 거래 중인 신규 거래처
- 우리 회사와는 단일 품목만 거래 (당사 거래액 100억 원 규모)
- 경쟁사와 중복 거래 중 (경쟁사 거래액 300억 원 규모)
- 공급선 다변화 및 당사의 연구개발 역량 때문에 거래 중
- 가격과 납기보다는 품질과 불량대응, 영업사원의 빠른 서비스 대응을 중요시함
- 현재까지 우리 회사와의 거래 만족도가 높고 불만은 없음

3. 고객 니즈 충족 가능성 파악

고객 분석 즉, 특정 시장에서 주요 고객들의 특성과 니즈를 살펴보
는 목적은 과연 내가 고객의 니즈를 쉽게 충족할 수 있을지를 파악하
여 궁극적으로 영업전략 수립에 이를 반영하기 위해서이다. '다른 분
석결과가 동일하다'는 가정에서, 해당 시장에서 주요 고객들의 규모

가 크고 내가 그들의 니즈를 쉽게 충족할 수 있으면 기회요인으로 분류하고, 주요 고객들의 규모가 작고 내가 그들의 니즈를 쉽게 충족할 수 없으면 위협요인으로 분류한 후, 기회요인들이 위협요인들을 압도할 경우 자원 투입을 늘리고, 위협요인들이 기회요인들을 압도할 경우 자원 투입을 줄이는 것이 바람직하다.

그런데 시장 분석 또는 경쟁자 분석과 마찬가지로 고객의 니즈를 파악하고 고객 니즈의 충족 가능성을 검토할 때 주요 고객의 특성 또는 니즈와 관련된 다양한 요인들이 반드시 나에게 유리하거나 불리한 하나의 방향으로만 작용하는 것은 아니다. 따라서 특정 요인만을 살펴보고 고객 니즈의 충족 가능성을 성급하게 결정하기보다, 여러 다양한 요인들을 종합적으로 살펴보고 이를 판단하는 것이 바람직하다.

4. 고객 특성 파악 및 니즈 포착을 위한 방법들

시장 분석 그리고 경쟁자 분석과 마찬가지로 고객의 특성 파악과 니즈 포착을 위해서는 현장 방문 및 관찰, 관계자 인터뷰 또는 2차 자료 조사 등 다양한 방법을 사용할 수 있다. 특정 지역 내 특정 상권을 대상으로 영업하는 영업사원이 자신의 주요 고객층의 특성을 파악하고 니즈를 포착하기 위해서는 해당 지역 상권 내에 있는 자신의 거래처를 방문하여 현장에서 제품을 구매하는 최종 소비자들의 행동을 관찰하거나 또는 거래처 직원과의 면담 내지 지역 내 키맨을 통하여 관련 정보를 수집하는 등 다양한 방법을 고려할 수 있다.

현장 영업사원은 거래처들을 수시로 방문해 주요 고객들의 구매 행태를 현장에서 관찰하고, 필요한 경우 이들 고객에게 직접 궁금한 점을 문의함으로써, 이들의 주요 니즈와 불만 사항을 파악할 수 있다. 이때 자신이 납품하는 제품을 구매하는 최종 소비자들뿐만 아니라 자신의 제품을 구매하지 않거나 또는 경쟁사 제품을 구매하는 최종 소비자들의 행동 관찰을 통해서도 고객 니즈와 관련한 의미 있는 정보를 획득할 수 있다.

또한 거래처 직원과의 면담을 통해 거래처와 최종 소비자들의 주요 니즈와 불만 사항을 파악할 수 있다. 그리고 시장 관련 정보 또는 경쟁자 관련 정보 수집과 마찬가지로 주요 고객들에 대한 정보 수집을 위해 방문판매 사원, 부동산 중개인, 점포 상인 등 지역 내 정보 흐름의 중심에 있는 지역 키맨들과 좋은 관계를 유지하고 그들을 수시로 만나는 것도 필요하다.

일반적으로 많은 회사에서는 전담팀을 중심으로 또는 외부 전문기관에 의뢰해 주요 고객군의 특성과 니즈가 어떻게 변화하고 있는지 파악하기 위해 정기적 또는 부정기적으로 설문 조사, 포커스그룹 인터뷰, 현장관찰 등의 다양한 방법을 활용한다. 무엇보다도 이들 자료들을 살펴볼 때는 고객들의 니즈가 시간을 두고 어떻게 변화하고 있는지에 주목하는 것이 중요하다.

결국 유능한 영업사원들은 사무실에 앉아서 거래처에서 오는 주문을 수동적으로 처리하는 것에 안주하지 말고 수시로 거래처를 방문해 현장에서 고객들의 반응을 주기적으로 살피고, 이를 영업전략 수립에 반영하려는 적극적인 관심과 노력이 필요하다. 이들 방법들 가운데 영업의 특성에 따라, 그리고 고객의 니즈에 따라 영업사원이 자신의 영업에 맞는 다양한 방법을 조합하여 사용하는 것이 바람직하다.

고객 니즈 파악 방법	주요 내용
거래처 소비자 행동 관찰	정기적으로 거래처를 방문하여 최종 소비자들의 구매 패턴을 관찰하고, 필요한 경우 소비자들에게 직접 문의하여 그들의 니즈와 불만을 파악함
거래처 직원과의 면담	거래처 직원과의 면담을 통하여 최종 소비자들의 니즈와 불만뿐만 아니라 거래처의 니즈와 불만에 대해서도 파악함
지역 키맨 활용	담당지역 내 키맨을 정기적으로 만나서 지역 내 주요 고객들의 최근 니즈 변화와 관련한 정보를 수집함
2차 자료 검색	회사 차원에서 전담팀 또는 외부 조사기관에 의뢰하여 주요 고객의 특성과 니즈 특히 최근 변화 추이에 대해 조사한 자료가 있는 경우 이를 살펴봄

5. 고객 분석결과 예시

B2C 사업과 B2B 사업의 영업사원은 영업전략 수립에 반영하기 위해 누가 나의 주요 고객인지 분석하는 작업이 필요하다. 이를 위해 매출과 영업이익 측면에서 현재 비중이 큰 충성 고객뿐만 아니라 잠재

고객에 대해서도 고객을 정의하고, 주요 고객별로 고객 프로파일을 기술한 후 주요 고객의 니즈를 정리해야 한다.

B2C 사업의 경우, 국내 또는 해외에서 제품을 발굴해 백화점 등 오프라인 매장들뿐만 아니라 모바일 등 온라인 채널을 통해 판매하는 종합유통사 영업사원의 입장에서 영업전략 수립에 반영하기 위해 고객의 특성과 니즈를 어떻게 정리하는지 예시를 통해 살펴본다.

예를 들어 각종 내부 판매자료와 외부 시장조사 자료를 바탕으로 현재의 충성 고객으로 강북 거주 50대 중반 주부 고객층을 정의하고, 이들 고객들의 프로파일을 분석한 결과, 이들이 우리 회사와 평균 거래 기간이 10년 정도로 비교적 장기간이고, 이들 충성 고객들의 평균 객단가가 100만 원 정도로 상당히 높으며, 이들이 백화점 채널을 선호하는 것을 파악하여 정리하는 것이다.

이들 충성 고객들의 주요 니즈를 각종 자료 분석과 설문조사 그리고 무엇보다도 영업사원들의 현장 인터뷰와 관찰을 통해 파악한 결과, 이들은 객단가가 높음에도 불구하고 가격 민감도가 높고, 가성비가 높은 중저가 제품을 선호했다. 그럼에도 불구하고 우리 회사 제품에 대한 브랜드 충성도가 높은 것으로 나타났다. 이러한 충성 고객들의 프로파일과 고객 니즈를 감안해 외부의 유명 브랜드를 도입하기보다 우리 회사 자체의 브랜드를 개발하고 육성하는 쪽으로 전략을 세운다. 또한 계절이나 행사 시즌별로 주력 제품을 빈번하게 개발하여 판매하기보다는 스테디셀러 제품의 판매에 주력하고, 가격 민감도가 높아 가성비가 높은 중저가 제품을 선호하는 고객 니즈를 감안하여 가격할인 프로모션 이벤트를 수시로 실시하는 것이 바람직하다.

이어서 잠재 고객들의 특성과 니즈를 분석한 결과, 이들은 강남에 거주하는 30대 맞벌이 직장인들로 우리 회사와의 평균 거래 기간이 1년 미만으로 짧고, 평균 객단가는 50만 원 정도로 충성 고객들에 비해서는 낮았다. 또한 이들은 오프라인 채널보다는 온라인 채널 특히 그 중에서도 모바일 채널을 선호하는 것으로 파악되었다.

결과적으로 잠재 고객들은 충성 고객들과는 달리 가격보다는 품질에 대한 기대수준이 높고, 고가의 브랜드 제품을 선호하며, 우리 회사 제품에 대한 충성도가 낮은 대신 트렌드에 민감한 것으로 나타났다.

이러한 점을 감안한다면 영업전략 수립에 있어 우리 회사 자체의 브랜드 개발보다는 이미 시장에서 검증된 해외 프리미엄 브랜드를 지속적으로 도입하고, 고가의 가격 정책을 유지하되 품질 보증과 불량 대응에 주력하여 고객에게 수준 높은 서비스를 제공하는 편이 낫다. 또한, 계절별 신제품 프로모션 이벤트를 수시로 실시하여 최신 트렌드에 민감한 그들의 니즈를 충족시키는 것이 적합한 방안이다.

다음으로 B2B 사업에서 주요 고객별로 고객 프로파일과 그들의 주요 니즈를 정리한 예를 살펴보자.

B2B 사업의 경우, 국내 주요 산업용 기계장치를 제작하는 고객사를 대상으로 이들 고객사가 제작하는 기계장치용 부품을 자체 제작하거나 또는 해외에서 제작된 부품을 수입해서 납품하는 부품 공급

사 영업사원의 입장에서 영업전략 수립에 반영하기 위해 고객의 특성과 니즈를 파악하는 경우를 살펴보자. 앞서 B2C 사업에서 살펴본 바와 마찬가지로 B2B 사업에서도 고객을 정의할 때 현재 나의 사업에서의 주요 고객사뿐만 아니라 향후 주목해야 하는 신규 고객사가 누구인지도 함께 살펴보는 것이 필요하다.

먼저 여러 내부자료와 외부자료의 분석을 통해 주요 고객사로는 수도권 공단 소재 자동차용 기계장치 부품 제작사를 선정하였다. 이들 주요 고객사는 종업원 100명 규모의 중견기업으로, 20여 년간 비교적 오랜 기간 우리 회사하고만 거래한 기업으로 내수뿐만 아니라 수출 비중이 높은 것으로 파악되었다. 이들 주요 고객사들은 우리 회사 제품에 대한 브랜드 충성도가 높고, 가격보다는 품질과 영업사원의 서비스를 중요하게 여기며, 무엇보다도 수출 시장에서의 신제품 개발 니즈가 큰 것으로 나타났다. 이를 감안해 고객사와 우리 회사가 공동으로 신제품 연구개발의 협력을 강화하여 고품질 친환경 제품을 꾸준히 출시하고, 품질 보증과 불량 대응에 주력해 브랜드 충성도가 높은 우수고객을 대상으로 한 각종 기술 또는 시장 관련 세미나를 개최하는 방안을 우선 검토할 수 있다.

이어서 신규 고객사들의 특성과 니즈를 분석한 결과 주목해야 하는 신규 고객사들로 영남권 공단 소재 건설장비 제작사를 선정하였다. 이들 신규 고객사들의 경우, 기존 주요 고객사들과는 달리 종업원 20명 규모의 영세기업으로 우리 회사와의 거래 기간도 5년 이내로 비교적 짧으며, 무엇보다도 우리 회사뿐만 아니라 경쟁사도 중복 거래하고 있고 수출 비중 없이 내수 위주로 사업을 하고 있는 것으로 파악되었다. 이들 고객의 니즈도 기존 주요 고객사의 니즈와 확연히 구별되는 것으로 파악되었다. 이들은 우리 회사 제품에 대한 브랜드 충성도가 낮고, 품질보다는 가격 경쟁력을 중요하게 여겼다. 또한 품질에 있어서도 전반적인 품질의 우수성보다는 불량이 발생했을 때 신속하게 처리하는 불량 대응의 신속성을 중요하게 여기는 반면 이들은 기존 주요 고객사들과는 달리 신제품 개발 니즈가 거의 없는 것으로 나타났다. 이를 감안해 원가절감을 통한 지속적인 가격 혁신으로 경쟁력 있는 가격을 제시하고, 불량 대응과 관련하여 별도의 서비스 조직을 운영하는 편이 나을 것이다. 또한 가격 경쟁력을 갖추기 위해 해외 저가 제품의 적극적 소싱을 추진하는 것을 우선 고려할 수 있다.

충성 고객의 니즈뿐만 아니라 잠재 고객의 니즈를 함께 파악하면 이들 두 고객층들 간에 니즈가 상당히 유사할 수도 있고 확연히 다를 수도 있다. 이들 두 고객층들의 니즈가 상당히 유사하다면 이를 영업 전략 수립에 바로 반영하면 되겠지만, 만약 그 니즈가 확연히 구별되는 경우에는 고객들의 니즈뿐만 아니라 시장의 특성과 매력도, 경쟁자들의 위협정도, 그리고 조직의 핵심역량과 나의 가용자원 등을 종합적으로 고려하여 확연히 구별되는 두 고객들의 니즈 가운데 어떤 것을 반영할지 네 번째 단계에서 결정한다. 따라서 분석 단계에서 고객의 니즈에 대한 분석 하나만을 가지고 바로 영업전략을 수립하기보다는 고객 니즈의 관점에서 파악한 시사점들을 잘 정리해 두고 다른 분석결과들을 종합적으로 검토하여 네 번째 단계에서 최적의 방안을 선택한다.

지금까지 살펴본 B2C 사업과 B2B 사업 각각의 고객 분석결과 예시를 정리하면 다음과 같다.

주요 고객		고객 프로파일	주요 니즈	시사점
B2C 사업	충성 고객 (소비자)	• 강북 거주 50대 중반 주부 • 평균 거래 기간 평균 10년 • 객단가 100만 원 백화점 채널 선호	• 가격 민감도가 높음 • 가성비 높은 중저가 제품 선호 • 브랜드 충성도가 높음	• 자체 브랜드 제품 판매에 주력 • 신제품보다 스테디셀러 판매에 주력 • 수시 가격할인 프로모션 이벤트 실시
	잠재 고객 (소비자)	• 강남 거주 30대 맞벌이 직장인 • 평균 거래 기간 1년 미만 • 객단가 50만 원 모바일 채널 선호	• 품질 기대수준이 높음 • 고가의 브랜드 제품 선호 • 충성도가 낮고 트렌드에 민감함	• 해외 프리미엄 브랜드 지속적 도입 • 품질 보증 및 불량 대응에 주력 • 계절별 신제품 프로모션 이벤트 실시
B2B 사업	주요 고객사	• 수도권 공단소재 자동차부품사 • 당사 단독거래. 수출 비중 높음 • 종업원 100명 규모. 20년간 거래	• 신제품 개발 니즈가 큼 • 가격보다 품질과 서비스가 중요 • 브랜드 충성도가 높음	• 고품질, 친환경 신제품 연구개발 • 품질 보증 및 불량 대응에 주력 • 우수고객 대상 각종 세미나 개최
	신규 고객사	• 영남권 공단소재 건설장비사 • 경쟁사 중복거래. 내수 비중 높음 • 종업원 20명 규모. 5년간 거래	• 싼 가격이 가장 중요 • 품질보다 불량 대응이 중요 • 브랜드 충성도가 낮음	• 원가절감을 통해 지속적 가격 혁신 • 불량 대응 서비스 조직 별도 운영 • 해외 저가제품 적극적 소싱

✧ [3-3단계] 고객의 니즈 포착

1	고객을 분석한다는 것은 현재의 주요 고객뿐만 아니라 미래의 잠재 고객을 포함하여 이들 가운데 누가 나의 주요 고객인지 정의하고 그들의 니즈와 불만사항을 포착하는 작업이다.
2	고객 분석의 목적은 과연 내가 주요 고객들의 니즈를 제대로 충족할 수 있는지 그 가능성을 파악하기 위해서이다. 주요 고객들의 규모가 크고 내가 그들의 니즈를 쉽게 충족할 수 있으면 자원 투입을 늘리고 그렇지 못하면 자원 투입을 줄이는 것이 바람직하다.
3	영업사원은 수준 높은 영업전략 수립을 위해 현장 방문 및 관찰, 관계자 인터뷰 또는 2차 자료 조사 등 다양한 방법들 가운데 자신에게 가장 적합한 방법을 정하여 꾸준히 주요 고객의 특성을 파악하고 니즈를 포착하는 것이 중요하다.

제4절 나와 조직의 핵심역량 파악과 가용자원 점검

영업전략 수립을 위해 분석해야 하는 마지막 대상은 바로 나와 나의 조직이다. '나에 대한 분석'이란 먼저 나와 내가 속한 조직의 핵심역량이 무엇인지 특별히 경쟁자와 비교해서 상대적으로 어떤 강점과 약점을 가지고 있는지를 파악하고 다음으로 현재 내가 가지고 있는 자원이 어느 정도인지 분석해 영업전략 수립에 활용하는 것이다.

축구 경기 시합에서 승리하기 위해 경기장의 상태, 계절 및 경기 당일의 날씨뿐만 아니라 상대팀이 누구인지, 그리고 상대팀 선수들의 면면과 그들의 당일 컨디션 등 많은 것을 고려해야 한다. 하지만 무엇보다도 경기에 승리하기 위해서는 우리 팀 선수들의 구성과 선수들 각자의 강점과 약점 그리고 그들의 당일 컨디션을 잘 파악하는 것이 중요하다. 따라서 영업전략 수립에 있어, 시장 분석, 경쟁자 분석 그리고 고객에 대한 분석과 더불어 나에 대한 분석도 중요하다.

지금까지 살펴본 시장과 경쟁자, 그리고 고객에 대한 분석결과들은 모두 나의 외부요인들이다. 이들 외부요인들이 나의 영업에 긍정적인 영향을 주면 기회요인으로, 부정적인 영향을 주면 위협요인으로 정리한다. 한편 나에 대한 분석결과들은 모두 나의 내부요인들이다. 그리고 이들 내부요인들은 경쟁자와 비교하여 상대적으로 우수하면 강점으로, 그리고 상대적으로 열등하면 약점으로 정리한다.

이때 주목할 점은 첫째, 나에 대한 분석에 있어 '실제' 나의 강점과 약점 못지않게 '고객이 인식하는' 나의 강점과 약점도 중요하다는 것이다. 물론 고객의 인식은 실제 상태에 영향을 받지만, 그렇다고 고객의 인식이 반드시 실제 상태를 그대로 반영하는 것은 아니다. 영업에서는 실제보다 고객이 어떻게 인식하고 있는지가 더 중요한 경우가 많다. 예전에 통신사들 간에 실제 통화품질은 거의 차이가 없음에도 불구하고 고객조사 결과, 고객들이 인식하는 통신사들의 통화품질에는 엄청난 차이가 있었다. 그리고 고객들이 인식하는 이러한 통화품질의 차이가 현장 영업에 있어 어떤 영업사원들에게는 상당한 강점으로, 다른 영업사원들에게는 상당한 약점으로 작용했던 것이 그 대표적 사례이다.

나의 강점들과 나의 약점들을 파악할 때 두 번째로 주목해야 할 것은 강점과 약점의 '절대적인 수준'보다는 경쟁자들, 특히 나의 주요 경쟁자들과 비교할 때 나의 강점과 약점의 '상대적인 수준'이 중요하다는 점이다. 시장에서 고객이 현실적으로 제품 구매를 고려하는 대안들은 나와 나의 주요 경쟁자들로 그 대상이 제한되기 때문이다. 이런 측면에서 영업전략 수립에 있어 경쟁자에 대한 분석과 나에 대한 분석은 하나의 세트로 함께 고려해야 한다.

1. 핵심역량 파악

나에 대한 분석에 있어 가장 먼저 해야 하는 작업은 경쟁자 대비 차별화된 영업사원으로서의 나와 우리 조직의 경쟁력, 즉 핵심역량이 무엇인지 파악하는 것이다.

'기업의 핵심역량'The Core Competence of the Corporation 이란 글을 통해 '핵심역량'의 개념을 처음 제시한 C. K. 프라할라드C. K. Prahalad와 개리 하멜Gary Hamel에 따르면, '핵심역량'이란 특정 기업이 가진 복수의 자원과 역량의 조화로운 조합이다. 이러한 핵심역량은 해당 기업을 다른 기업과 구분하는 것으로 그 회사만의 경쟁적 이점Competitive Advantage 의 토대가 되는 것이다. 그들은 특정 회사가 가진 자원과 역량을 핵심역량으로 인정하기 위해서는 그러한 자원과 역량이 고객에게 차별화된 가치Value를 제공하는지, 대상 자원이나 역량을 경쟁사에서 쉽게 모방하기 어려운지, 그리고 그러한 자원과 역량이 다양한 시장에서 폭넓게 확장 가능한지를 살펴보아야 한다고 주장한다.

조직이 가진 자원이나 역량은 너무나 다양해서 특정한 기준을 가지고 구분하기가 쉽지는 않다. 다만 일반적으로 조직이 가진 경영자원을 물적 자원, 재무 자원, 인적 자원, 지적 자원 등으로 구분할 수 있다.

먼저 '물적 자원'은 제조회사의 첨단 생산설비나 공장, 유통회사의 유통 매장의 입지와 매장 숫자, 통신회사의 통신 인프라의 범위 또는 품질 등 눈으로 보고 만질 수 있는 것들이다. 이에 반해 '재무 자원'은 탁월한 현금흐름, 또는 현금 창출 능력, 건전한 재무제표 등이다.

'인적 자원'이란 최고 경영진의 강력한 리더십, 경험 많은 관리자 그룹, 특정 업무에 있어 역량이 탁월하고 동기부여가 잘 된 직원들이다. 마지막으로 '지적 자원'이란 조직 특유의 생산 경험 내지 설비 운용 노하우, 브랜드 자산, 조직의 혁신성향과 그 성공 경험, 외부환경 변화에 유연한 조직문화, 특허 자산 등이다.

조직이 보유한 자원의 종류	주요 내용
물적 자원	첨단 생산설비나 공장, 유통 매장의 입지와 매장 숫자, 통신 인프라의 범위 또는 품질 등
재무 자원	탁월한 현금흐름 및 현금 창출 능력, 건전한 재무제표 등
인적 자원	최고 경영진의 강력한 리더십, 경험 많은 관리자 그룹, 역량이 탁월하고 동기부여가 잘 된 직원들
지적 자원	조직 특유의 생산 경험 내지 설비 운용 노하우, 브랜드 자산, 조직의 혁신성향, 외부환경 변화에 유연한 조직문화, 특허 자산 등

이들 경영자원 가운데 경쟁사 대비 차별화된 경쟁력을 가지는 우리의 핵심역량은 무엇이지?

제이 바니Jay Barney는 'VRIO 분석법'을 제시하며 핵심역량의 개념을 더욱 발전시켜 조직의 자원이나 역량을 핵심역량으로 인정하기 위해서는 아래 네 가지 요소를 갖추고 있는지 살펴보아야 한다고 하였다.

- **고객 가치**Value : 대상 자원이나 역량이 고객에게 차별화된 가치를 제공

하는가?

- **희소성** Rarity : 대상 자원이나 역량이 희소해서 외부에서 확보하기가 어려운가?

- **모방 가능성** Inimitability : 대상 자원이나 역량을 경쟁사가 모방하기가 어려운가?

- **조직 특화성** Organization-specification : 대상 자원이나 역량이 조직 내부의 다른 자원이나 역량과 조화롭게 잘 결합되어 해당 조직 나름의 고유한 역량으로 자리 잡았는가?

특정 조직이 보유한 이러한 다양한 자원과 역량 가운데 어떤 것이라도 VRIO 분석법의 네 가지 속성 테스트를 통과한다면 해당 조직의 핵심역량이라고 정의할 수 있다.

일반적으로 기업의 핵심역량으로 널리 알려진 예를 살펴보면, 일본의 자동차 및 이륜차 제조회사인 혼다의 경우, 탁월한 엔진 제조역량을, 미국의 생활용품 제조회사인 P&G의 경우, 탁월한 브랜드 관리 및 마케팅 역량을, 국내 기업으로 반도체, 가전, 모바일기기 제조회사인 삼성전자의 경우, 빠른 투자 결정력과 제조 경쟁력을, 그리고 세계 최대 검색엔진 기업인 구글의 경우, 자유롭고 혁신적인 기업문화를 각각 그들 회사의 핵심역량으로 꼽는다.

핵심역량의 개념이 비교적 명확하고 VRIO 분석법에서 제시하는 네 가지 속성들의 특징이 이해하기 쉽기는 하지만, 실제로 나와 우리 조직의 핵심역량을 정의하기는 간단치 않다. 우리 조직이 가진 물적 자원, 재무 자원, 인적 자원 그리고 지적 자원 등 여러 자원들을 하나씩 살펴보거나 또는 이러한 자원 내지 역량을 활용하여 고객 가치가 생성되는 일련의 과정 전체를 살펴보는 것이 우리 조직의 핵심역량이 무엇인지 파악하는 데 있어 도움이 될 수 있다.

마이클 포터Michael Porter는 기업활동에서 부가가치가 생성되는 과정을 '가치사슬Value Chain'이라고 정의한다. 포터의 가치사슬 분석에 따르면, 어떠한 조직이든지 조직에서 수행되는 활동은 '본원적 활동Primary Activities'과 '지원 활동Support Activities'으로 구분되는데, '본원적 활동'에는 조직 내에서 가치 생성의 단계적 흐름에 따라 내부 물류Inbound Logistics, 제조 및 생산Operation, 외부 물류Outbound Logistics, 마케팅과 영업Marketing and Sales, 그리고 서비스Service 등 다섯 가지 활동이 있다. 그리고 이러한 본원적 활동을 지원하기 위한 '지원 활동'으로 기업의 회계, 재무, 법무, 전략기획 등 하부구조 활동, 인적자원관리 활동, 연구 및 개발 등 기술개발 활동, 그리고 원재료 또는 기계류 등의 조달과 관련된 구매 활동 등이 있다.

따라서 조직의 핵심역량 파악을 위하여 물적 자원, 재무 자원, 인적 자원, 지적 자원 등 네 가지 종류의 기업의 자원들과 가치사슬 분석에서 제시한 다양한 활동들을 하나씩 살펴보면서 특별히 이들 자원들과 활동들이 VRIO 분석법에서 제시한 네 가지 속성들을 가지고 있는지 꼼꼼히 살펴보는 것이 필요하다.

이때 주의할 점은 조직 내부의 핵심역량을 정의한다고 해서 반드시 조직 내부 구성원들의 입장에서 이들 역량들을 살펴보기보다 조직 외부에서 우리 조직의 사업을 바라보고 있는 다양한 이해관계자들의 입장에서 핵심역량을 살펴보는 것이 유익하다는 것이다. 조직 내부 구성원들보다 오히려 외부에 있는 이해관계자들이 더 객관적이고 냉정하게 우리 조직의 핵심역량을 판단할 수 있기 때문이다.

이러한 다양한 외부 이해관계자들에는 시장을 꾸준히 살펴보고 있는 협회 관계자들, 증권회사 애널리스트들 또는 관련 분야 학계 전문가들뿐만 아니라 경쟁사 직원들을 포함한다. 뿐만 아니라 우리 조직의 주요 고객들과 잠재 고객들 그리고 경쟁사의 주요 고객들이 우리 조직의 핵심역량을 무엇이라고 정의하는지 파악하는 것도 중요하다. 그 외에 우리 조직에 원재료 또는 각종 기계류 등을 공급하는 공급사 직원들은 우리 회사의 핵심역량을 무엇이라고 하는지를 파악하는 것도 유익하다. 이렇게 다양한 이해관계자들의 입장에서 그들 각자가 정의하는 우리 조직의 핵심역량에 대한 의견들을 취합하고 정리하면 우리 조직의 핵심역량에 대한 균형 잡힌 그림을 그릴 수 있다.

다음으로 영업사원으로 나의 핵심역량이 무엇인지 정의한다. 우리 조직의 핵심역량 파악과 마찬가지로 나 스스로의 입장에서뿐만 아니라 다양한 외부 이해관계자의 입장에서 객관적으로 진단하는 것이 필요하며, 또한 주요 경쟁자들의 강점과 약점 대비 내가 가진 역량이 우수한지 또는 열등한지 경쟁자와의 상대적 비교를 통하여 나의 핵심역량을 판단한다.

영업사원의 핵심역량에는 원만한 관계 형성 및 유지 역량, 효과적인 커뮤니케이션, 리더십, 팀워크, 광범위한 네트워크 등 전통적인 역량뿐만 아니라, 창의성, 기획 및 분석 역량, 전략적 사고력, 회복 탄력성 등 새롭게 부각되는 여러 역량을 포함하여 그 범위가 다양하다.

2. 가용자원 점검

나의 핵심역량 파악에 이어 다음으로 수행할 작업은 영업을 위해 현재 내가 가진 가용자원이 무엇이고, 이것이 현재 어떻게 쓰이고 있는지 점검하는 것이다.

가용자원은 '영업조직 차원의 가용자원'과 '영업사원 개인 차원의 가용자원' 두 가지로 나누어 살펴볼 수 있다.

'영업조직 차원의 가용자원'은 크게 영업조직 그 자체와 영업비 등 두 가지로 나눌 수 있다. 먼저 '영업조직'은 영업 관련 조직의 구성 및 운영과 관련한 사항들이다. 예를 들어 내가 속한 영업조직의 규모가 경쟁자에 비해 대규모인지 또는 소규모인지, 영업조직이 전국적으로 광범위하게 분포하는지 또는 특정 지역을 중심으로 제한적으로 존재하는지, 영업조직이 제품 단위, 지역 단위 또는 시장 단위 등 어떻게 편성되어 있는지, 그리고 현장 영업조직 규모와 비교하여 본사 영업지원 관련 조직의 규모는 어느 정도인지를 파악해야 한다. 또한, 영업조직 이외에 별도의 마케팅 기능을 담당하는 조직이 있는지, 마케팅 조직은 영업조직 산하에 있는지 영업조직과는 별도로 존재하는지 그리고 불량 대응을 담당하는 조직이 영업조직과는 별도로 있는지, 불량 대응 조직과 영업조직과의 관계가 수직적인지 또는 수평적인지 등 회사가 영업조직을 어떻게 지원하고 운영하는지 등에 관한 사항을 포함한다. 영업조직과 관련된 이러한 사항들을 살펴보면 그 조직의 영업 관련 방향성을 엿볼 수 있다.

다음으로 '영업비'란 영업조직의 영업 관련 활동에 어느 정도 금액을 영업비로 배정하는지, 그리고 배정된 영업 관련 금액의 규모가 예년에 비해 증가하고 있는지 감소하고 있는지, 그리고 그 증가 내지 감소 폭은 얼마인지 등과 관련한 사항들이다. 이러한 영업비의 절대적 규모 내지 증감뿐만 아니라 영업조직이 영업 관련 예산을 어디에 주로 사용하는지를 살펴본다. 예를 들어 기존 고객 관리에 주로 사용하는지 또는 신규 고객 유치에 주로 사용하는지, 기존 고객 관리에 있어서도 우수고객 유지에 중점을 두는지 아니면 잠재적 이탈고객 방지에 중점을 두는지 등을 살펴보는 것이 필요하다.

영업조직 차원의 영업 관련 가용자원이 조직과 자금이듯이 영업사원 개인 차원의 영업 관련 가용자원은 '자금과 시간'이다.

먼저 영업사원 개인에게 배정되는 영업 관련 자금, 즉 영업비에 대해 살펴보자. 영업사원은 조직에서 자신에게 배정된 영업비에 대해 조직의 가이드라인에 따라, 그리고 자신에게 인정되는 재량의 범위 내에서 자신의 영업성과를 극대화하기 위해 최대한 효과적으로 사용하고자 한다. 영업사원은 자신의 영업비를 기존 고객, 특히 우량고객의 유지를 위한 각종 선물 구입 내지 행사 개최를 위해 집행할 수도 있고 신규 고객 유치를 위한 자료 제작 내지 행사 개최를 위해 집행할 수도 있다.

또는 특정 계절이나 이벤트성 가격할인 행사나 제휴 할인 쿠폰 지급을 위해 집행할 수도 있다.

영업전략 수립에 있어 중요한 것은 영업사원이 자신에게 배정된 영업 관련 금액의 규모는 어느 정도이고, 영업사원이 영업비를 현재 또는 과거에 어떻게 사용하고 있는지 그 현황을 자세히 정리하는 것이다.

다음으로 영업사원 개인 차원에서 점검해야 하는 가용자원은 바로 '영업사원의 시간'이다. 즉, 영업사원 각자 자신들의 영업을 위해 어느 정도의 시간을 사용하고 있으며, 또한 자신들의 영업시간을 현재 어떤 활동을 위해 사용하고 있는지 파악하는 것이다. 일반적으로 영업사원들은 영업 지원 관련 후선 업무를 담당하는 직원들과는 달리 근무시간이 엄격하게 정해져 있지 않고, 필요하다면 출근 시간 전이나 퇴근 시간 후에도 영업 관련 활동을 하는 경우가 흔하다. 하지만 영업사원에게 다른 직원들보다 더 많은 시간 동안 영업활동을 하도록 기대하는 것은 바람직하지 않다. 오히려 주어진 영업시간을 보다

생산성이 높은 영업활동에 사용하도록 하는 것이 스마트한 영업활동
이다.

영업사원의 시간을 효과적으로 사용하도록 하기 위해서는 먼저 영
업사원의 영업시간이 현재 어떤 영업활동에 얼마나 사용되는지 파악
하여야 한다. 이를 위하여 영업사원은 자신이 어떤 영업활동을 하고
있는지 그 내역을 자세히 기술한다.

영업사원의 영업 관련 활동은 영업의 특성에 따라 다양할 수 있다.
대부분의 매출이 신규 고객으로부터 발생하는 사업의 경우, 영업사
원의 주요 활동은 유망고객 리스트 확보, 가망고객 접촉 및 세일즈 포
인트 발굴 등 신규 고객 유치와 관련된 활동이며, 상대적으로 기존 고
객 유지 및 관리와 관련된 활동의 비중은 낮다.

반면, 대부분의 매출이 기존 고객의 반복된 주문으로부터 발생하
며 상대적으로 신규 고객으로부터 발생하는 매출 비중이 적은 사업
의 경우, 영업사원의 주요 활동은 기존 고객 유지 및 관리 활동, 기
존 고객 대상 수주 관련 영업활동 및 시장 동향 파악과 분석 활동이
다. 이때 기존 고객 유지 및 관리 활동은 기존 고객의 애로사항 내지
VOC Voice of Customer를 다양한 경로를 통하여 청취하고 이를 해결하기
위한 고객 방문 및 조직 내부 담당 부서와의 업무협의를 포함한다.

다음으로 수주 관련 영업활동은 기존 고객을 포함하여 가망고객
의 리스트를 준비하고, 세일즈 포인트를 발굴하며 영업을 위한 각종

자료를 준비하여 고객을 방문하거나 조직 내부에서 고객의 요구사항을 처리하는 활동을 포함한다. 마지막으로 영업사원의 시장 동향 파악 및 분석 활동은 영업전략 수립을 위한 각종 분석을 위해 시장과 경쟁자, 그리고 고객 관련 정보를 수립하는 일련의 활동으로 거래처 현장 방문 및 담당자 인터뷰, 고객 방문 및 인터뷰, 시장 참여자 내지 전문가 인터뷰, 외부자료 검색 및 조사 그리고 내부자료 검토 및 분석과 관련한 활동을 포함한다.

영업사원이 자신의 영업 관련 활동 내역을 자세히 기술한 다음에는 각 영업활동별로 자신이 어느 정도 시간을 사용하고 있는지 파악하여 주간 단위 내지 월간 단위로 기록한다. 최근 주간 내지 월간의 영업활동 시간만을 기준으로 하는 경우, 특이 활동으로 인해 왜곡이 발생할 수 있으므로 가급적 최근 2~3개월을 대상으로 영업활동별 시간을 파악하는 것이 바람직하다.

온라인 쇼핑몰에서 의류, 신발, 식품 및 가구 등 특정 제품 카테고리의 상품 기획 및 판매를 담당하는 MD의 가상의 시나리오 사례에서 그가 현재 자신에게 주어진 주당 40시간이라는 전체 영업시간을 어떤 영업활동에, 어느 정도의 비중으로 사용하고 있는지 정리한 예시는 다음과 같다.

온라인 쇼핑몰 MD의 영업관련 주요 활동 예시*		영업자원 투입비중
시장동향 파악/분석	현장 방문, 구매자/최종소비자 인터뷰 (1시간)	
	시장참여자/전문가/경쟁사 직원 인터뷰 (1시간)	
	협력사 방문/인터뷰 (2시간)	20%
	외부자료 검색 (1시간)	
	내부자료 분석 (3시간)	
상품 기획/개발	상품 콘셉트 개발 및 브랜드 탐색 (3시간)	
	상품 기획 (3시간)	
	신규 협력사 발굴 (2시간)	30%
	우수 협력사 관리 (4시간)	
상품 영업	세일즈 포인트 발굴 (6시간)	
	영업 기획 (4시간)	
	영업 실행 (8시간)	50%
	사후관리 (2시간)	

* 주 40시간 기준, 총 100%

　이렇게 파악한 영업사원의 각 영업활동별 시간 자료는 영업전략 수립에 있어 어떻게 활용되는가? 영업전략 수립의 네 번째 단계에서 상세 전략이 수립되고 마지막 다섯 번째 단계에서 영업활동 액션플랜Action Plan이 작성되면, 영업사원의 각 영업활동별 시간 자료는 최종적으로 새롭게 수립된 영업전략과 액션플랜에 맞게 영업활동이나 시간 비중이 조정되어 구체적인 실행으로 이어지게 된다.

　결국 영업사원 단위에서 영업전략의 실행이란 바로 자신에게 재량이 인정되는 범위 내에서 영업 관련 비용 집행과 영업 관련 시간 사용의 비중을 조정하는 방식으로 이루어진다.

✏️ [3-4단계] 나와 조직의 핵심역량 파악과 가용자원 점검

1	나와 나의 조직을 분석한다는 것은 나와 나의 조직이 경쟁자와 비교하여 어떤 강점과 약점을 가지고 있는지 핵심역량을 파악하고 내가 가지고 있는 영업시간과 영업자금을 현재 어떻게 사용하고 있는지 가용자원을 점검하는 작업이다.
2	핵심역량 파악을 위해서는 다양한 외부 이해관계자들의 입장에서 객관적으로 진단하는 것이 필요하며 주요 경쟁자와의 상대적 비교를 통하여 핵심역량 보유 여부를 판단한다.
3	가용자원 점검을 위해 영업사원별로 현재 영업관련 주요 활동내역을 나열하고 각 영업활동별로 어느 정도의 시간과 자금을 정기적으로 사용하고 있는지 객관적으로 파악하는 것이 필요하다.

제6장

[4단계] 최적 방안 선택과 상세 전략 수립

이번 장에서는 먼저 각종 분석을 통하여 수집된 객관적 자료들을 어떻게 정리하고 평가할 것인지를 살펴보고, 다음으로 이렇게 정리된 자료들을 바탕으로 어떤 전략적 방향성을 도출하며 이를 토대로 여러 가지 전략적 대안들 가운데 어떻게 최적의 방안을 선택할지를 살펴볼 것이다. 그리고 마지막으로 마케팅 4P 전략의 프레임을 활용하여 상세한 영업전략을 도출하는 과정을 살펴보자.

검토 대상이 되는 전략적 대안 각각의 분석 목적에 따라 각종 분석을 실시하고, 분석결과를 정리하고, 전략적 방향성을 도출하는 전체적인 흐름은 다음과 같다.

분석 목적 및 분석결과 정리기준		분석결과 정리		전략적 방향성 도출

검토 대상 전략적 대안

시장 매력도 평가	경쟁자 위협정도 파악			
시장 환경이 나에게 매력적이면 기회요인	주요 경쟁자들이 약하고 그들의 최근 동향이 위협적이지 않으면 기회요인	기회요인이 위협요인 보다 더 큰 경우	내가 기회요인 포착에 적합한 핵심역량을 갖추고 있는 경우	기회요인 포착을 위해 영업자원 투입 비중을 대폭 늘림
시장 환경이 나에게 매력적이지 않으면 위협요인	주요 경쟁자들이 강하고 그들의 최근 동향이 위협적이면 위협요인		내가 기회요인 포착에 적합한 핵심역량을 갖추고 있지 않은 경우	핵심역량 개발을 위해 영업자원 투입비중을 소폭 늘림
고객 니즈 충족가능성 파악	나의 핵심역량 점검			
핵심고객의 규모가 크고 그들의 니즈를 내가 쉽게 충족할 수 있으면 기회요인	나의 핵심역량이 기회요인을 포착하거나 위협요인을 극복하는 데 적합하면 강점,	위협요인이 기회요인 보다 더 큰 경우	내가 위협요인 극복에 적합한 핵심역량을 갖추고 있는 경우	추가 영업자원 투입을 자제하고 위협요인 극복에 주력함
핵심고객의 규모가 작고 그들의 니즈를 내가 쉽게 충족하기 어려우면 위협요인	그렇지 못하면 약점		내가 위협요인 극복에 적합한 핵심역량을 갖추고 있지 않은 경우	영업자원 투입비중을 줄이거나 철수를 고려함

제1절 분석결과 정리

1. 주요 분석 작업 내용 및 분석결과 정리기준

분석결과를 정리하기 위해서 먼저 전략 수립의 세 번째 단계에서 이루어진 네 가지 분석들, 즉 시장에 대한 분석, 경쟁자에 대한 분석, 고객에 대한 분석 그리고 나에 대한 분석, 각각에 대하여 분석의 주요 내용과 분석의 목적을 간단히 다시 살펴보고 이어서 분석 작업의 결과를 어떻게 정리할지 그 기준에 대해 살펴보자.

먼저 '시장에 대한 분석'은 내가 영업이라는 경기에 참가한다고 가정할 때 경기장의 규모가 어느 정도인지, 그리고 그 경기장은 어떤 특징을 가지고 있는지, 경기장의 최근 상태는 어떠한지 등을 파악하여 이러한 요인들이 영업이라는 경기에 참가하고 있는 나에게 유리한지 또는 불리한지를 판단하는 것이다. 따라서 시장에 대한 분석의 주요 내용은 먼저 시장을 정의하고, 시장의 규모를 추정하고, 이러한 시장의 구조적 특성을 이해하고, 마지막으로 시장 그 자체에 대한 내부요소와 시장에 영향을 미치는 외부요소로 나누어 시장의 최근 동향을 파악하는 것이다. 이러한 시장 분석의 목적은 궁극적으로 시장 매력도를 평가하기 위함이다. 그러므로 시장에 대한 분석결과를 정리하는 기준은 시장환경이 내가 영업을 하는 데 있어 매력적이라고 판단되는 요소들은 나에게 기회요인으로, 그리고 시장환경이 내가 영업을 하는 데 있어 매력적이지 않다고 판단되는 요소들은 나에게 위협요인으로 분류하는 것이다.

다음으로 '경쟁자에 대한 분석'은 내가 '영업'이라는 경기에 참가할 때 경기의 상대방들은 누구인지, 그리고 이들 경쟁자들이 경기력과 체력 등이 나보다 우수한지, 이들이 최근 어떤 훈련을 했고 이들의 경기 당일 컨디션은 좋은지 등을 파악하여 이러한 요인들이 나에게 유리한지 또는 불리한지를 판단하는 것이다. 따라서 경쟁자에 대한 분석의 주요 내용은 먼저 누가 내가 주목해야 하는 경쟁자인지 주요 경쟁자와 잠재 경쟁자를 정의하고 이들 경쟁자들에 대한 기본 정보와 강점을 파악하는 것이다. 그리고, 마지막으로 이들 경쟁자들의 최근 주목할 만한 동향으로 어떤 것들이 있는지를 살펴보는 것이다. 이러한 경쟁자 분석의 목적은 궁극적으로 경쟁자의 위협정도를 파악하기 위함이다. 그러므로 경쟁자에 대한 분석결과를 정리하는 기준은 주요 경쟁자 또는 잠재 경쟁자들이 나에 비해 약하거나 그들의 최근 동향에 주목할 만한 점이 없거나 주목할 만한 점이 있더라도 나에게 그렇게 위협적이지 않으면 나에게 기회요인으로, 그리고 이러한 경쟁자들이 나에 비해 강하거나 그들의 최근 동향이 나에게 위협적이어서 내가 어떤 조치를 취하는 것이 필요한 경우 나에게 위협요인으로 분류하는 것이다.

'고객에 대한 분석'은 내가 '영업'이라는 경기에 참가할 때 내가 어떻게 하면 승점을 얻을 수 있을지, 그리고 승점을 얻는 데 있어 규칙이나 판정 기준은 무엇인지, 이러한 규칙이나 판정 기준에 최근 어떤 변동사항이 있는지 등을 파악하여 이러한 요인들이 나에게 유리한지 또는 불리한지를 판단하는 것이다. 따라서 고객에 대한 분석의 주요 내용은 먼저 누가 나의 주요 고객인지를 정의하고, 이들 주요 고객들의 프로파일과 특성을 파악해 이들 주요 고객들의 니즈가 무엇이며, 특히 이러한 고객 니즈에 최근 주목할 만한 변화가 있는지를 살펴보는 것이다. 이러한 고객 분석의 목적은 고객 니즈의 충족 가능성을 파악하기 위함이다. 그러므로 고객에 대한 분석결과를 정리하는 기준은 핵심고객의 규모가 크고 그들의 니즈를 내가 쉽게 충족할 수 있으면 나에게 기회요인으로, 그리고 핵심고객의 규모가 작고 그들의 니즈를 내가 쉽게 충족하기 어려우면 나에게 위협요인으로 분류하는 것이다.

마지막으로 '나에 대한 분석'은 내가 경쟁자들에 비해 경기력이나 체력 등에 있어 어떤 점에 있어 탁월한지, 그리고 내가 최근 어떤 훈련을 하고 있으며 나의 경기 당일 컨디션은 좋은지 등을 파악하는 것이다. 따라서 나에 대한 분석의 주요 내용은 무엇보다도 나와 내가 속한 조직의 핵심역량은 무엇이며, 나에게 현재 어떤 가용자원이 있는지를 살펴보는 것이다. 이러한 나에 대한 분석의 목적은 궁극적으로 나의 핵심역량을 점검하기 위함이다. 그러므로 나에 대한 분석결과를 정리하는 기준은 내가 파악한 나의 핵심역량이 나를 둘러싼 여러 가지 기회요인을 포착하거나 위협요인을 극복하는 데 적합한지, 적합하지 않은지를 판단하여, 적합하면 나의 강점으로, 적합하지 않으면 나의 약점으로 분류한다.

그리고 내가 가진 핵심역량이 무엇인지 객관적으로 파악하는 것도 중요하지만 이보다 더 중요한 것은 내가 가진 핵심역량이 과연 앞선 세 가지 분석을 통해 파악된 중요한 기회요인들 또는 위협요인들과 어느 정도 부합하는지 그 적합성을 판단하는 것이다.

내가 아무리 탁월한 핵심역량을 많이 가지고 있다고 하더라도 각종 분석을 통해 파악된 여러 가지 기회요인이나 위협요인들을 극복하는 데 적합하지 않다면 이러한 핵심역량을 활용하는 것은 바람직하지 않다. 그런데 만약 내가 적합한 핵심역량을 보유하고 있지 않다면 이어지는 다음 질문은 '과연 이러한 핵심역량을 쉽게 내부적으로 개발하거나 외부에서 확보할 수 있는가'이다.

필요 역량을 쉽게 개발 또는 확보 가능한가에 따라 영업전략은 달라질 수밖에 없다. 만약 핵심역량 개발 또는 확보가 쉬운 경우, 핵심역량을 갖추기 위한 투자를 고려할 수 있으나, 핵심역량 개발 또는 확보가 어려운 경우에는 핵심역량 개발 또는 확보를 위한 투자를 자제하고, 현재 상태에서 단기적인 이익을 극대화해야 한다. 필요한 경우 해당 사업에서의 철수도 고려할 수 있다.

지금까지 살펴본 주요 분석 작업의 내용들과 분석 목적, 그리고 분석결과 정리기준을 요약하면 다음과 같다.

주요 분석 작업 내용		**분석 목적 및 분석결과 정리기준**	
시장에 대한 분석	**경쟁자에 대한 분석**	**시장 매력도 평가**	**경쟁자 위협정도 파악**
• 시장 정의 • 시장 규모 추정 • 시장 특성 이해 • 시장 최근 동향 파악	• 주요 경쟁자 정의 • 주요 경쟁자 기본정보 파악 • 주요 경쟁자 강점 파악 • 경쟁자의 주목할 만한 최근 동향 파악	• 시장 환경이 나에게 매력적이면 기회요인 • 시장 환경이 나에게 매력적이지 않으면 위협요인	• 주요 경쟁자들이 약하고 그들의 최근 동향이 위협적이지 않으면 기회요인 • 주요 경쟁자들이 강하고 그들의 최근 동향이 위협적이면 위기요인
고객에 대한 분석	**나에 대한 분석**	**고객 니즈 충족가능성 파악**	**나의 핵심역량 점검**
• 핵심고객 정의 • 핵심고객 프로파일 정리 • 고객 특성 파악 • 고객 니즈 파악 • 고객 니즈의 주목할 만한 변화 파악	• 나의 핵심역량 파악 • 나의 가용자원 파악	• 핵심고객의 규모가 크고 그들의 니즈를 내가 쉽게 충족할 수 있으면 기회요인 • 핵심고객의 규모가 작고 그들의 니즈를 내가 쉽게 충족하기 어려우면 위협요인	• 나의 핵심역량이 기회요인을 포착하거나 위협요인을 극복하는 데 적합하면 강점, 그렇지 못하면 약점

2. 분석결과 정리

시장에 대한 분석, 경쟁자에 대한 분석 그리고 고객에 대한 분석 등 세 가지 분석결과를 정리하는 것은 결국 내가 영업을 하는 데 있어 매력적이라고 판단되는 요소들은 기회요인으로, 그리고 매력적이지 않다고 판단되는 요소들은 위협요인으로 분류하기 위함이다.

앞서 언급한 대로 시장, 경쟁자 그리고 고객에 대한 분석의 목적은 결국 나의 영업에 중요한 영향을 미치는 여러 다양한 외부요인들이 나의 영업에 긍정적 또는 부정적인 영향을 미치는지 파악하기 위해서이다. 여기서 주의할 점은 분석결과 정리에 있어 긍정적 또는 부정적 영향을 미친다는 것을 평가할 때 객관적인 시장 참여자들의 입장에서 평가할 것이 아니라 오롯이 나의 입장에서 평가한다는 점이다. 비록 시장과 경쟁자 그리고 고객 등 외부요인에 대한 분석결과는 모든 시장 참여자들에게 차별 없이 영향을 미친다는 사실Fact에 있어 변함이 없음에도 불구하고 그러한 사실이 가지는 시사점은 각 시장 참여자에게 다를 수밖에 없다.

예를 들어 분석결과, 어떠한 중요한 요인이 파악되었는데 이러한 요인이 나의 주요 경쟁자를 포함하여 대부분의 시장 참여자들에게는 긍정적인 영향을 줄 것으로 전망되지만 나의 영업에는 부정적인 영향을 줄 것으로 기대되는 경우, 해당 요인은 기회요인이 아니라 위협요인으로 분류되어야 한다. 이러한 분석을 하는 이유는 결국 보다 효과적인 영업전략을 수립하기 위해서인데 그 영업전략은 바로 경쟁자의 영업전략이 아닌 바로 나의 영업전략이기 때문이다.

'전략의 개별성'이라는 전략의 본질적인 속성상 비록 시장, 경쟁자 그리고 고객에 대한 분석결과가 동일하더라도 시장 참여자들의 영업 전략은 각자 다를 수밖에 없다. 즉, 모든 전략은 전략을 수립하는 당 사자에 따라 철저하게 맞춤화된 것일 수밖에 없는 것이다. 시장 참여 자들 각자 자신의 상황이 다르기 때문에 경쟁자들의 영업전략을 무 작정 따라 하는 것은 그다지 효과적이지 않다.

분석결과를 정리하여 기회요인과 위협요인으로 분류할 때 일반적 으로 분석 대상이 되는 모든 요인들의 분석결과가 반드시 기회요인 이나 위협요인으로 분류되지는 않는다. 예를 들어 시장의 최근 동향 을 살펴볼 때 나에게 기회요인으로 평가되는 요인들과 위협요인으로 평가되는 요인들이 혼재할 수 있다. 이럴 경우 각 요인들의 중요성과 각 요인들이 나에게 얼마나 큰 기회요인인지 또는 위협요인인지 등 을 종합적으로 고려하여야 한다.

종합적 판단에 있어, 경우에 따라서는 시장의 최근 성장세가 다른 어떤 시장의 요인들보다 더 중요한 기회요인이 될 수도 있고, 다른 경 우에는 시장의 최근 성장세보다 최근 시장의 동향이 더 중요한 위협 요인이 될 수도 있다.

예를 들어 시장 분석결과, 열 가지 중요한 요인을 살펴보았는데 최 근 시장의 성장세가 폭발적이라는 한 가지 요인을 제외하고, 나머지 아홉 가지 요인들이 모두 나에게 부정적이더라도 오직 한 가지 이유가 너무 중요한 경우 종합적으로 시장이 나에게 매력적이라고 판단할 수도 있다.

반대로 시장이 폭발적으로 성장하고 있는 것을 포함하여 분석 대상이 되는 열 가지 중요한 요인들 가운데 아홉 가지 요인들이 모두 나에게 긍정적이라고 판단되지만, 최근 전 세계적으로 환경 오염에 대한 경각심이 높아지고 있다는 한 가지 부정적인 요인이 매우 중요하기 때문에 전체적으로 시장이 나에게 매력적이지 않다고 판단할 수도 있다. 따라서 분석결과를 정리하여 종합적인 판단을 할 때 기회요인으로 평가되는 요인들의 숫자와 위협요인으로 평가되는 요인들의 숫자만을 단순 비교하면 안 된다.

마찬가지로 시장에 대한 분석, 경쟁자에 대한 분석, 또는 고객에 대한 분석 각각에 대해 분석결과를 정리하더라도 결국은 이들 여러 가지 분석결과들을 종합하여 그 시사점을 판단하여야 한다. 예를 들어 시장에 대한 분석결과는 대체로 나에게 긍정적이어서 기회요인이 위협요인보다 더 큰 것으로 평가되더라도 경쟁자에 대한 분석결과는 오히려 나에게 부정적이어서 위협요인이 기회요인보다 더 큰 것으로 평가될 수도 있다. 이럴 경우에도 각각의 분석결과를 취합하여 기회요인으로 분류된 여러 요인들과 위협요인으로 분류된 여러 요인들을 정리하여 종합적으로 분석결과를 판단할 때 나에게 기회요인이 더 큰지 아니면 위기요인이 더 큰지 결정할 수밖에 없다.

예를 들어 시장은 매력적이고 핵심고객들의 규모가 최근 커지고 있으며 최근 급격하게 변하고 있는 고객의 니즈를 내가 쉽게 충족할 수 있다고 판단되는 반면, 해당 시장에서 주요 경쟁자들이 강하고 이들 경쟁자들의 최근 동향이 위협적인 경우를 보자. 여러 세부 요인들을 종합적으로 분석해서 시장 매력도와 고객 니즈 충족 가능성 측면에서의 기회요인을 경쟁자 위협정도 측면에서의 위협요인보다 더 크게 평가할 수도 있다. 다른 한편으로는 여러 세부 요인들을 종합적으로 분석해서 시장 매력도와 고객 니즈 충족 가능성 측면에서의 기회요인보다 경쟁자 위협정도 측면에서의 위협요인을 더 크게 평가할 수도 있다.

각종 요인들에 대한 분석결과를 정리하여 종합적으로 기회요인들과 위협요인들로 분류하고, 이어서 내가 이러한 기회요인들을 포착하거나 위협요인들을 극복하는 데 적합한 핵심역량을 갖추고 있는지 등에 대한 평가가 이루어지면 최종적으로 그 결과물들을 다음 네 가지 케이스로 분류한다.

- 기회요인이 위협요인보다 더 크고 내가 기회요인 포착에 적합한 핵심역량을 갖추고 있거나 현재 필요한 핵심역량을 갖추고 있지 않으나 조만간 필요한 핵심역량을 내부 또는 외부에서 개발 내지 육성하기가 용이한 경우

- 기회요인이 위협요인보다 더 크지만 내가 기회요인 포착에 적합한 핵심역량을 갖추고 있지 않으며 조만간 필요한 핵심역량을 내부 또는 외

부에서 개발 내지 육성하기가 어려운 경우

• 위협요인이 기회요인보다 더 크지만 내가 위협요인 극복에 적합한 핵심역량을 갖추고 있거나 현재 필요한 핵심역량을 갖추고 있지 않으나 조만간 필요한 핵심역량을 내부 또는 외부에서 개발 내지 육성하기가 용이한 경우

• 위협요인이 기회요인보다 크고 내가 위협요인 극복에 적합한 핵심역량을 갖추고 있지 않으며 조만간 필요한 핵심역량을 내부 또는 외부에서 개발 내지 육성하기가 어려운 경우

지금까지 살펴본 분석결과 정리작업을 요약하면 다음과 같다.

분석결과 정리

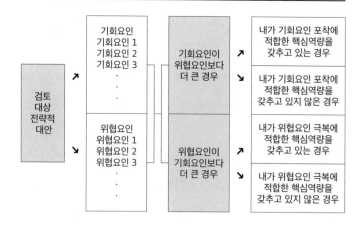

분석결과를 정리하는 작업과 최종적으로 위에서 언급한 네 가지 케이스의 어디에 해당하는지에 대해 결정하는 작업은 영업전략 수립의 두 번째 단계에서 나열한 전략적 대안들 각각에 대하여 이루어져야 한다.

예를 들어 영업사원이 자신의 매출 증대를 위해 기존 고객 대상 기존 제품 판매에 주력할지, 신규 고객 대상 기존 제품 판매에 주력할지 또는 기존 고객 대상 신제품 판매에 주력할지, 신규 고객 대상 신제품 판매에 주력할지 등 네 가지 대안들을 나열한 경우, 각종 분석결과의 정리작업은 이들 네 가지 대안들 각각에 대하여 이루어져야 한다.

즉, 기존 고객 대상 기존 제품을 판매하는 대안을 놓고, 해당 시장은 얼마나 매력적인지, 해당 시장에서 경쟁자의 위협은 어느 정도인지, 고객의 니즈 충족 가능성은 어떻게 되는지 그리고 내가 필요한 핵심역량을 가지고 있는지 분석해서 중요한 기회요인들과 위협요인들을 분류, 정리하여 나에게 기회요인이 위협요인보다 더 큰지 아니면 위협요인이 기회요인보다 더 큰지를 결정한다.

이어서 내가 기회요인 포착 내지 위협요인 극복에 적합한 핵심역량을 갖추고 있는지 살펴본 후 만약 내가 필요한 핵심역량을 갖추고 있지 못한 경우, 필요역량 개발 내지 확보가 용이한지를 판단해서 네 가지 케이스 가운데 어디에 해당하는지를 결정한다.

마찬가지로 다른 세 가지 대안들 각각에 대해서도 이러한 분석결과 정리작업을 수행한다. 예를 들어 신규 고객 대상 신제품을 판매하는 해당 시장은 얼마나 매력적인지, 경쟁자의 위협은 어느 정도인지 등등의 분석을 통해, 기회요인과 위협요인을 비교 분석하고, 필요 역량의 보유 내지 확보 가능성을 판단해서 네 가지 케이스 가운데 어디에 해당하는지를 결정한다.

B2C 사업의 예시로 온라인 쇼핑몰에서 의류, 신발, 식품 및 가구 등 특정 제품 카테고리의 상품 기획 및 판매를 담당하는 MD의 사례를 살펴보자. 이 사례에서 해당 MD는 자신이 담당하는 네 개의 카테고리 각각에 집중하는 전략적 대안을 놓고 분석 작업을 실시하였다. 따라서 이 분석결과의 정리작업도 각각의 카테고리에 주력하는 대안에 대해 별도로 이루어져야 한다.

예를 들어 먼저 의류 카테고리에 집중하는 대안을 놓고, 온라인 쇼핑몰 사업에서 해당 카테고리의 시장 매력도, 경쟁자 위협정도, 고객 니즈의 변화 및 충족 가능성 및 필요 역량의 보유 내지 확보 가능성 등을 분석한 결과, 해당 의류 카테고리에서 전체적으로 담당 MD의 입장에서 기회요인이 위협요인보다 더 크고, 이러한 기회요인을 포착하는 데 적합한 핵심역량을 본인이나 본인이 속한 조직이 갖추고 있다고 판단하여 네 가지 케이스 가운데 첫 번째 케이스에 해당한다고 결정할 수 있다.

이어서 신발 카테고리에 집중하는 대안을 놓고 각종 분석을 실시한 후 그 결과를 정리해 보니, 신발 카테고리의 경우 전체적으로 기회요인보다 위협요인이 더 크고 이러한 위협요인을 극복하는 데 적합한 핵심역량을 본인이나 본인의 조직이 현재 갖추고 있지 않으며, 필요한 핵심역량을 조만간 갖추는 것이 어렵다고 판단하면 네 가지 케이스의 네 번째 케이스에 해당한다고 결정할 수 있다.

　의류 카테고리와 신발 카테고리에 집중하는 방안 각각에 대해 분석결과를 정리하여 어떤 케이스에 해당하는지 지금까지 살펴본 예시를 정리하면 다음과 같다.

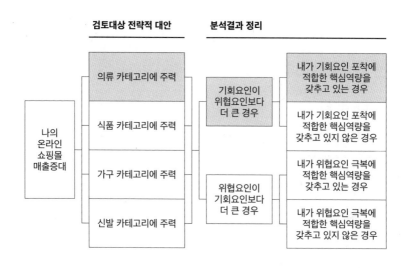

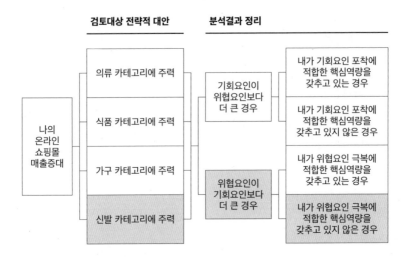

자동차, 조선, 건설기계 또는 석유화학 장치 등 다양한 기계류 등을 제조하는 고객사들을 대상으로 기계부품을 제조하여 납품하는 B2B 회사의 영업사원의 사례도 앞서 살펴본 온라인 쇼핑몰 영업사원의 사례와 마찬가지다. 먼저 네 개 전방산업군 각각에 집중하는 전략적 대안들을 나열한 경우, 각각의 대안별로 각종 분석 작업을 실시한 후 그 분석결과를 정리하여 네 가지 케이스 가운데 어디에 해당하는지를 결정한다.

제2절 전략적 방향성 도출과 최적 방안 선택

1. 전략적 방향성 도출

전략적 대안 각각에 대해 대안별로 분석결과를 정리한 후에는 이들 분석결과를 바탕으로 전략적 방향성을 도출하게 된다. 네 가지 케이스 각각에 대응하는 전략적 방향성은 다음과 같이 정리할 수 있다.

기회요인이 위협요인보다 더 크고, 기회요인 포착에 적합한 핵심역량을 갖추고 있거나 현재는 핵심역량을 갖추고 있지 않으나 조만간 필요한 핵심역량을 내부 또는 외부에서 개발 내지 육성하기가 용이한 경우

➜ 각종 분석을 통해 확인된 기회요인을 적극적으로 포착하기 위하여 검토 대상이 된 전략적 대안에 대한 나의 영업자원 투입 비중을 현재보다 대폭 늘림. 현재 이러한 기회요인 포착에 필요한 핵심역량을 갖추고 있으면 역량을 충분히 활용하고, 만약 현재 이러한 역량을 갖추고 있지 않지만 조만간 쉽게 개발 내지 육성할 수 있으면 필요한 핵심역량 개발 또는 확보에도 영업자원의 일부를 할애함.

기회요인이 위협요인보다 더 크지만 기회요인 포착에 적합한 핵심역량을 갖추고 있지 않으며, 조만간 필요한 핵심역량을 내부 또는 외부에서 개발 내지 육성하기가 어려운 경우

➜ 비록 각종 분석을 통해 확인된 기회요인은 크지만, 현재 이를 적극적으로 포착하기에 적합한 핵심역량을 갖추고 있지 않으며, 또 조만간 필요한 핵심역량을 갖추기도 어렵기 때문에 검토 대상이 된 전략적 대안에 대해 단기적으로 영업자원 투입 비중을 현재보다 대폭 늘리는 것은 타당하지 않음. 하지만 향후 중장기적으로 기회요인 포착을 준비하는 차원에서 필요한 핵심역량 개발 또는 확보에 영업자원의 일부를 할애함.

위협요인이 기회요인보다 더 크지만 위협요인 극복에 적합한 핵심역량을 갖추고 있거나 현재는 핵심역량을 갖추고 있지 않으나 조만간 필요한 핵심역량을 내부 또는 외부에서 개발 내지 육성하기가 용이한 경우

➜ 각종 분석을 통해 확인된 위협요인 때문에 검토 대상이 된 전략적 대안에 대한 나의 영업자원 투입 비중을 현재보다 늘리기는 어려움. 따라서 추가적인 영업자원 투입을 자제하고 현재의 영업자원을 활용하여 위협요인 극복에 주력함. 만약 현재 위협요인 극복에 필요한 핵심역량을 갖추고 있지 않지만 조만간 쉽게 이러한 역량을 개발 내지 육성할 수 있으면 필요한 핵심역량 개발 또는 확보에도 영업자원의 일부를 할애함.

위협요인이 기회요인보다 크고 위협요인 극복에 적합한 핵심역량을 갖추고 있지

않으며 조만간 핵심역량을 내부 또는 외부에서 개발 내지 육성하기가 어려운 경우

➡ 각종 분석을 통해 확인된 위협요인을 단기간 내에 극복하기가 어렵기 때문에 검토 대상이 된 전략적 대안에 대한 나의 영업자원 투입 비중을 현재보다 줄이는 것이 타당함. 만약 상당 기간 위협요인이 기회요인보다 큰 상태가 지속될 것으로 전망되고, 향후 위협요인 극복에 필요한 핵심역량을 개발 또는 확보하기가 중장기적으로도 어렵다고 전망된다면, 해당 대안에서 제시된 사업에서의 철수를 적극 고려함.

전략적 대안별 분석결과를 네 가지 케이스로 정리하고 케이스 각각에 대하여 도출한 전략적 방향성을 정리하면 다음과 같다.

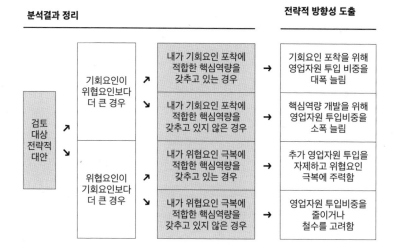

앞서 살펴본 온라인 쇼핑몰 MD의 사례에서는 의류, 식품, 가구, 신발 카테고리 각각에 대하여 전략적 방향성이 도출되고, 기계부품 제조회사의 영업사원 사례에서는 자동차, 조선, 건설기계 또는 석유화학 장치산업 등 전방산업 각각에 대하여 전략적 방향성이 도출된다.

예를 들어, 온라인 쇼핑몰 MD가 영업전략을 수립하는 데 있어 의류 카테고리에 주력하는 대안을 놓고 각종 분석 작업을 수행한 결과, 기회요인이 위협요인보다 크고 담당 MD가 이러한 기회요인을 포착하는 데 적합한 핵심역량을 갖추고 있어 네 가지 케이스 가운데 첫 번째 케이스에 해당하는 경우를 가정하자.

이럴 경우 이 MD는 의류 카테고리에 대한 기회요인 포착을 위해 '자신이 현재 의류 카테고리에 투입하고 있는 영업자원의 비중을 조만간 대폭 늘이는 것이 바람직하다'는 전략적 방향성을 도출하게 된다.

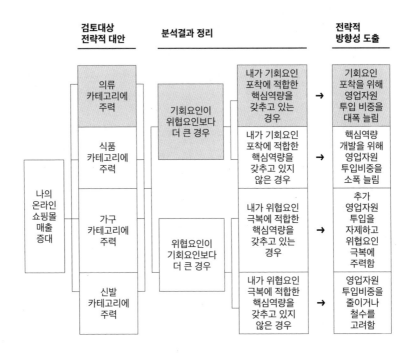

이어서 신발 카테고리에 대해서는 네 번째 케이스에 해당하는 것으로 분석결과가 정리되었다고 가정할 경우, 이 MD는 '신발 카테고리에 대해서 자신의 영업자원 투입 비중을 조만간 줄이거나 또는 해당 카테고리에서 철수하는 것이 바람직하다'는 전략적 방향성을 도출하게 된다.

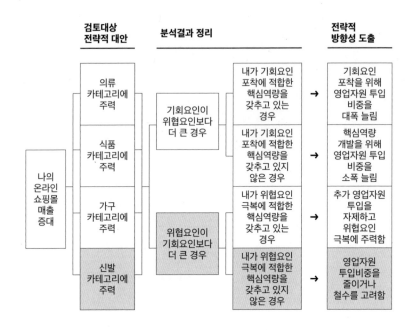

마찬가지로 식품 카테고리와 가구 카테고리에 대해서도 각각 분석 결과를 정리하여 각 케이스별로 전략적 방향성을 도출한다. 분석결과, 만약 식품 카테고리에 대해서는 기회요인이 위협요인보다 더 크지만 영업사원이 기회요인 포착에 적합한 핵심역량을 현재 갖추고 있지 않은 경우로 분류되어 두 번째 케이스에 해당하고, 가구 카테고리에 대해서는 기회요인보다 위협요인이 더 크지만 위협요인 극복에 적합한 핵심역량을 현재 갖추고 있는 경우로 분류되어 세 번째 케이스에 해당한다고 가정해 보자.

이럴 경우 온라인 쇼핑몰 MD의 입장에서 자신이 담당하는 네 개의 제품 카테고리 각각에 대해 분석한 결과 도출된 전략적 방향성은 다음과 같이 정리된다.

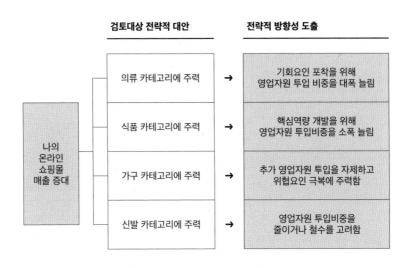

앞서 살펴본 온라인 쇼핑몰 MD 사례의 경우, 검토 대상이 된 각각의 전략적 대안을 분석한 결과, 모두 다른 케이스로 분류되어 전략적 방향성도 서로 다르게 정리되었다. 하지만 경우에 따라서는 전략적 대안을 분석한 결과, 동일한 케이스로 분류될 수도 있다. 예를 들어 의류 카테고리와 신발 카테고리 모두 기회요인이 위협요인보다 크고, 영업사원이 이러한 기회요인을 포착하는 데 적합한 핵심역량을 갖추고 있는 것으로 판단될 수 있다. 이럴 경우, 의류 카테고리와 신발 카테고리 모두에 대하여 현재보다 영업자원 투입 비중을 대폭 늘리고자 하는 전략적 방향성이 제시될 수 있다. 그런데 실제로 두 가지 카테고리 모두 현재보다 영업자원 투입 비중을 대폭 늘리는 것이 어려울 수도 있다. 따라서 최종적으로 두 가지 카테고리 모두 영업자원 투입 비중을 늘릴지, 늘린다면 어느 정도나 늘릴지에 대해서는 전략적 방향성 도출 단계에서 이를 고려하기보다 영업전략 수립 프로세스의 다섯 번째 단계인 액션플랜 수립 작업에서 이를 검토하는 것이 바람직하다.

　다음으로 B2B 사업의 예시로서 앞서 살펴본 기계부품 제조회사 영업사원의 경우에도 자동차, 조선, 건설기계 또는 석유화학 장치산업 등 네 개 전방산업군 각각에 주력하는 전략적 대안을 놓고 분석결과를 정리하여 네 가지 케이스 가운데 어디에 해당하는지를 결정하고 그에 따라 전략적 방향성을 도출한다. 예를 들어 분석결과 전방산업 별로 다음과 같은 전략적 방향성이 도출되었다고 가정할 수 있다.

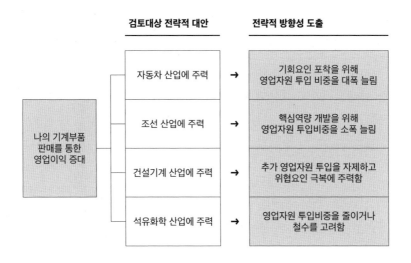

2. 최적 방안 선택

영업전략 수립을 위하여 전략적 대안을 나열하고, 대안별로 각종 분석을 실시한 후 각각의 대안에 대하여 전략적 방향성을 도출하였다면, 이제 도출된 전략적 방향성을 근거로 나열된 대안들 가운데 상대적으로 우선순위가 높은 방안을 최적의 방안으로 선택하는 작업을 수행한다. 본질적으로 '선택과 집중'이라는 배타성을 가지는 전략의 속성상 하나의 대안을 선택한다는 것은 다른 대안을 선택하지 않는다는 의미이다. 따라서 앞서 살펴본 온라인 쇼핑몰 MD 사례에서 네 가지 카테고리 모두에 집중하겠다는 것은 영업전략이 아니다.

온라인 쇼핑몰 MD 사례의 경우, 제시된 네 개의 전략적 대안 각각에 대해 각종 분석을 한 결과, 도출된 전략적 방향성을 살펴보면 의류 카테고리에 대해서는 영업자원 투입 비중을 대폭 늘리고, 이어서 식품 카테고리에 대해서도 현재보다 영업자원 투입 비중을 조금 늘인다. 또한 가구 카테고리에 대해서는 추가 영업자원 투입을 자제하고 현재의 자원 투입 비중을 유지하며, 신발 카테고리에 대해서는 영업자원 투입 비중을 줄이는 것으로 방향성이 도출되었다. 따라서 네 개의 전략적 대안들을 비교하면 온라인 쇼핑몰 매출 증대를 위해 의류 카테고리에 주력하는 방안이 분석 결과 가장 적합한 방안이다. 이때 최적안으로 반드시 한 가지 대안만을 선택하여야 하는 것은 아니며, 분석결과, 의류 카테고리와 신발 카테고리 모두 기회요인 포착을 위해 영업자원 투입 비중을 대폭 늘리는 것이 좋겠다는 전략적 방향성이 도출되면 두 가지 카테고리 모두에 주력하는 것을 최적 방안으로 선택할 수도 있다.

분석결과, 의류 카테고리에 주력하는 대안을 최적 방안으로 선택했다고 해서 나머지 대안들에 대해 아무런 조치를 취하지 않아도 된다는 것은 아니다. 각 대안별 전략적 방향성에 따라 각각의 제품 카테고리별로 다양한 방안을 종합적으로 실행하는 것 전체가 영업전략인 것이다. 따라서 온라인 쇼핑몰 MD 사례의 경우, 최종적인 영업전략은 의류 카테고리 하나에 대한 전략적 방향성을 선택하는 데 그치지 않고, 네 가지 카테고리 전체에 대한 전략적 방향성 모두를 하나의 세트로 선택하는 것이다.

지금까지 살펴본 영업전략 수립 단계들을 차근차근 밟는다면 최적의 방안을 선택하는 것은 그리 어려운 것이 아니다. 최적 방안의 후보로 검토할 만한 가치가 있는 각종 대안들을 적절히 잘 나열하고 다양한 분석을 실시한 뒤, 전략적 방향성을 도출해 이를 바탕으로 최적 방안을 선택하고, 그에 따라 전체적인 영업전략을 정리하면 된다. 문제는 많은 영업사원들이 여전히 이러한 단계들을 체계적으로 밟지 않고 자신의 경험이나 감으로 또는 객관적인 사실Fact보다는 다른 사람의 의견에 의지하여 최적 방안을 선택하려다 보니 그 결정이 쉽지 않거나 선택한 최적 방안이 영업목표 달성에 그다지 효과적이지 못한 결과를 가져오게 되는 것이다.

이제 최적의 방안을 선택하고 이를 토대로 영업전략의 전체 방향성을 정했다면 마케팅 4P 전략 프레임을 활용하여 상세 전략을 수립하는 단계로 넘어가자.

제3절 4P 전략 프레임을 활용한 상세 전략 수립

1. 마케팅 믹스 4P 전략 프레임

'마케팅 믹스 4P 전략'이란 마케팅 전략을 세분화할 때 일반적으로 사용하는 프레임으로, 여기서 4P란 제품 Product, 가격 Price, 채널 Place 그리고 판매촉진 Promotion 의 네 가지를 의미한다.

마케터는 제품이나 서비스의 마케팅 효과를 극대화하기 위하여 제품, 가격, 채널, 판매촉진의 네 가지 요소 각각에 대해 상세한 세부 전략을 세우고, 이 네 가지를 적절히 조합한다. 마케팅 믹스 4P 전략의 구체적인 내용은 영업사원이 수행하는 사업의 업종에 따라, 그리고 분석결과 도출된 전략적 방향성에 따라 다양할 수밖에 없다.

마케팅 믹스 4P 전략의 각 요소별로 세부 전략을 수립할 때는 일반적으로 다음과 같은 점들을 고려해야 한다.

제품 전략

- 지금까지 판매량이 많은 제품 또는 새롭게 개발한 제품 가운데 어떤 제

품에 주력할 것인가

- 영업이익률이 높은 제품 또는 영업이익률이 낮은 제품 가운데 어떤 제품에 주력할 것인가

- 우리 회사에서만 독점 공급하고 있는 제품 또는 경쟁사도 함께 공급하고 있는 제품 가운데 어떤 제품에 주력할 것인가

- 제품의 기본적인 기능을 강조할 것인가, 또는 다양한 부가적인 기능을 강조할 것인가

- 제품의 우수한 품질을 강조할 것인가, 또는 품질보다는 다른 기능을 강조할 것인가

- 우리 회사에서 개발한 독자적인 브랜드 제품 또는 외부에서 수입한 브랜드 제품 가운데 어떤 제품에 주력할 것인가

- 제품의 디자인 가운데 어떤 점을 강조할 것인가, 그리고 제품의 특장점 가운데 어떤 점을 강조할 것인가

가격 전략

- 동일한 제품에 대해 여러 고객들에게 동일한 가격을 책정할 것인가, 또는 고객마다 다른 제품 가격을 책정할 것인가

- 가격을 경쟁사 대비 높게 책정할 것인가, 또는 경쟁사 대비 낮게 책정할 것인가

- 판매 마진을 높게 책정할 것인가, 또는 낮게 책정할 것인가

- 한번 책정한 가격을 수시로 변경할 것인가, 또는 변경하지 않고 상당 기간 유지할 것인가

채널 전략

- 온라인 채널 또는 오프라인 채널 가운데 어떤 유통경로를 통한 판매에 주력할 것인가
- 온라인 채널에 집중한다면 어떤 채널에 집중할 것인가
- 오프라인 채널에 집중한다면 어떤 채널에 집중할 것인가
- 고객에게 직접 판매할 것인가, 또는 대리점 내지 딜러 등 회사 외부의 별도 판매조직을 이용할 것인가
- 회사 외부의 별도 판매조직을 이용한다면 우리 회사 제품 또는 내가 영업하는 제품만을 취급하도록 할 것인가, 또는 경쟁사 제품도 취급하도록 할 것인가

판매촉진 전략

- 가격할인 이벤트를 할 것인가, 가격할인 이벤트를 한다면 얼마나 자주 어떤 품목을 대상으로 어느 정도 할인율로 이벤트를 할 것인가
- 제품 구입시 추가 제품을 덤으로 주는 1+1 이벤트를 할 것인가
- 1+1 이벤트를 한다면 어느 지역에서 어떤 품목을 대상으로 어떤 유통 채널을 통하여 어떤 고객을 대상으로 할 것인가
- 다른 업종의 사업자와 제휴하여 공동으로 판매촉진 이벤트를 할 것인가
- 고객 초청 세미나를 할 것인가, 고객 초청 세미나를 한다면 우수고객 내지 신규고객 등 누구를 대상으로 어떤 내용의 세미나를 할 것인가

2. 상세 영업전략 수립

영업사원이 영업전략을 수립하는 목적은 영업목표와 예상 영업실적과의 갭을 효과적으로 없애는 최적의 방안을 찾아 영업목표를 달성하는 것이다. 비록 여러 대안들 가운데 최적안을 선택했다고 하더라도 바로 실행에 옮기려면 여러 가지를 고려하고 추가로 의사결정을 해야 하는 요소들이 많이 있다. 따라서 영업목표 달성을 위한 최적의 방안을 영업사원이 바로 실행할 수 있도록 상세한 영업전략으로 구체화하는 작업이 필요하다.

상세 영업전략을 수립하는 작업이란 결국 앞서 살펴본 마케팅 믹스 4P 전략 프레임을 활용하여 제품 전략, 가격 전략, 채널 전략 그리고 판매촉진 전략의 세부 내용을 결정하는 것이다. 물론 상세 영업전략은 상위 개념인 최적 방안의 하위 개념이므로 앞서 도출한 최적 방안과 배치되어서는 안 되며, 단지 최적 방안을 구체화하는 방식으로 수립되어야 한다.

앞서 최종적인 영업전략은 여러 가지 전략적 대안 가운데 하나를 선택하는 것이 아니고, 대안 각각에 대해 나름의 전략적 방향성을 정하고, 각 대안별로 도출한 전략적 방향성 모두를 하나의 세트로 선택하는 것이라고 하였다. 따라서 상세 영업전략 수립에 있어서도 하나의 대안만을 선택하고 해당 대안에 대해서 전략적 방향성을 구체화하는 것에 그칠 것이 아니라, 각각의 대안별로 도출한 전략적 방향성 각각을 구체화하는 작업이 필요하다.

상세 영업전략 수립은 앞서 언급한 마케팅 믹스 4P 전략 각각에 대해 일반적으로 고려해야 하는 여러 요인들을 살펴보고, 그 가운데 특별히 중요한 의미를 갖는 의사결정 사항들을 중심으로 해당 사항에 대해 해답을 정리하여 이를 종합하는 방식으로 수행한다. 그런데 영업사원이 어떤 업종에서, 어떤 영업조직에 소속되어 어떤 제품을 위주로 판매하고 있는지, 그리고 현재 어떤 영업 현안으로 고민하고 있는지에 따라 자신에게 특별히 중요한 의미를 갖는 의사결정 사항들은 다양할 것이다. 그러므로 상세 영업전략의 구체적인 내용은 영업사원마다 다를 수밖에 없다. 또한 같은 영업사원의 영업전략이라도 영업전략을 수립하는 시기에 따라 다를 것이다.

각종 분석을 통해 이미 최적 방안은 도출되었으며, 상세 영업전략은 각 대안별로 전략적 방향성을 구체화한 것이므로 영업사원이 고민하는 중요한 의사결정 사항들 가운데 많은 경우 쉽게 해답을 정리할 수 있을 것이다. 하지만, 경우에 따라 상세 영업전략을 수립하는 데 있어 바로 해답을 도출하기가 어려운 요인들이 있을 수 있다. 이럴 경우 추가로 별도의 분석을 실시한 후 그 결과를 상세 영업전략에 반영하는 것이 필요하다.

영업사원이 제품 전략, 가격 전략, 채널 전략 그리고 판매촉진 전략 각각의 중요한 의사결정 사항들에 대해 나름의 해답을 정리하였다면 이제 최종적으로 이들 각각에 대한 해답들이 서로 충돌되거나 배치되지는 않는지 다시 한번 내용을 점검하고, 이들 각각의 내용들을 종합하여 상세 영업전략으로 재구성하면 된다.

앞서 살펴본 온라인 쇼핑몰 MD 사례에서 의류, 식품, 가구, 신발 등 네 개의 카테고리를 담당하는 영업사원의 경우, 의류 카테고리는 영업자원 투입 비중을 현재보다 대폭 늘리고, 다른 세 개의 카테고리에 대해서도 영업자원 투입 비중을 소폭 늘리거나, 유지하거나 또는 줄이는 방향으로 영업전략을 수립했다고 가정하자. 이제 영업자원 투입 비중을 대폭 늘리기로 한 의류 카테고리 하나를 선택해서 담당 MD가 해당 카테고리의 상세 영업전략을 어떻게 제시하면 되는지 예시를 통해 살펴보자.

상세 전략의 첫 번째로 '제품 전략'에 대해 살펴보자. 영업사원은 지금까지 자신이 주로 영업자원을 투입했던 40~50대 주부 고객 대상 스테디셀러 상품 판매보다 잠재 고객인 20~30대 직장 여성 고객 대상 이벤트 상품을 새롭게 기획해서 판매하는 데 더 집중하기로 의사결정을 할 수 있다. 물론 이러한 결정은 영업전략 수립 세 번째 단계에서 실시한 각종 분석결과를 반영한 것이어야 한다. 즉, 시장에 대한 분석결과, 40~50대 고객을 대상으로 하는 의류 시장의 매력도가 떨어지고, 20~30대 고객 대상 의류 시장의 매력도가 올라갔거나, 경쟁자에 대한 분석결과, 20~30대 고객 대상 의류 시장에서 경쟁자의 위협이 감소했을 수도 있다. 혹은 고객 니즈에 대한 분석결과, 20~30대 고객의 최근 패션 트렌드의 변화에서 상당히 중요한 기회요인을 발견했을 수도 있다. 또는 내가 가진 핵심역량을 객관적으로 살펴볼 때 새로운 고객층을 대상으로 새로운 상품을 판매하는 제품기획 역량이 경쟁자에 비해 우수하다고 평가했을 수도 있다.

다음으로 각종 분석결과를 근거로 외부에서 수입한 브랜드 상품의 단순 위탁 판매보다는 우리 회사의 우수한 상품 기획력과 브랜드 관리 역량을 근거로 우리 회사에서 최근 독자적으로 개발한 브랜드의 PB Private Brand 상품의 판매에 주력하기로 의사결정을 할 수 있다.

상세 전략의 두 번째로 '가격 전략'에 대해 살펴보자. 담당 MD는 자신이 판매하는 상품의 판매 가격과 판매 마진을 경쟁사 대비 높게 책정하고, 한번 책정한 가격을 가급적 낮추지 않고 유지하는 프리미엄 가격 전략을 채택할 수 있다.

이어서 상세 전략의 세 번째로 '채널 전략'에 대해 살펴보자. 각종 분석결과, 기존의 핵심 채널인 온라인 채널의 비중을 유지하되, 모바일 채널 판매 비중을 획기적으로 높이겠다는 결정을 할 수도 있다. 그리고 온라인 채널 가운데에서도 여러 다양한 판매자들이 상품을 판매하는 오픈마켓보다는 자사몰을 통한 상품 판매 비중을 늘리겠다고 결정할 수 있다. 예전처럼 오프라인 채널을 통한 판매는 소극적으로 가져가되, 다만 신규제품 홍보를 위해 오프라인에서 팝업스토어 채널을 제한적으로 시작해 보겠다고 결정할 수도 있다.

마지막으로 '판매촉진 전략'에 대해 살펴보자. 프리미엄 가격 전략의 연장선상에서 가격할인 행사를 가급적 하지 않고 대신 20~30대 직장 여성을 주요 핵심고객으로 하고 있는 다른 산업과의 제휴마케팅에 주력하여 경품 행사 이벤트를 열고, 추가로 우수고객 대상 오프라인 초청행사를 수차례 개최하는 등 브랜드 홍보 활동에 주력하겠다고 결정할 수 있다.

이렇게 제품, 가격, 채널, 그리고 판매촉진과 관련하여 각종 분석결과를 근거로 중요한 사항들에 대해 의사결정을 해서 제품 전략, 가격 전략, 채널 전략 그리고 판매촉진 전략을 수립하였다면 이제 이들 각각의 내용이 서로 배치되지 않는지 살펴본다. 이 예시에서 MD는 신규 고객을 대상으로 신제품 개발에 주력하고 프리미엄 가격을 책정하겠다는 제품 전략과 가격 전략을 채택했는데, 이러한 전략은 가격 할인을 가급적 하지 않고 브랜드 홍보에 주력하겠다는 판매촉진 전략과 서로 충돌하거나 배치되지 않는다.

이제 최종적으로 해당 MD는 앞서 수립한 제품 전략, 가격 전략, 채널 전략, 그리고 판매촉진 전략을 종합하여 "20~30대 직장 여성 잠재 고객들을 대상으로 우리 회사에서 자체 개발한 고급 브랜드 PB 이벤트 상품들을 모바일 자사몰 채널에서 프리미엄 가격으로 판매하고, 동시에 제휴마케팅과 우수 고객 대상 행사 개최 등 브랜드 홍보 활동에 주력하겠다"는 내용의 상세 영업전략으로 정리할 수 있다.

이러한 상세 영업전략은 의류 카테고리에서 자신의 영업자원 투입 비중을 현재보다 대폭 늘리겠다는 전략적 방향성과 배치되지 않으며, 오히려 이러한 전략적 방향성을 단지 구체화한 것이다. 지금까지 예시를 통해 살펴본 의류 카테고리의 상세 영업전략을 요약하면 다음과 같다.

의류 카테고리 상세 영업전략 예시	20-30대 직장 여성 잠재고객들을 대상으로 당사에서 자체 개발한 고급 브랜드 PB 이벤트 상품들을 모바일 자사몰 채널을 중심으로 프리미엄 가격으로 판매함. 제휴마케팅과 우수고객 대상 행사 개최 등 브랜드 홍보 활동에 주력함
마케팅 믹스 4P	**주요내용**
제품 전략	40-50대 주부 고객 대상 스테디셀러 상품보다는 20-30대 직장 여성 고객 대상 이벤트 상품 신규 기획 및 판매에 주력함 외부 수입 브랜드 상품의 위탁 판매보다 당사에서 고급 브랜드로 직접 개발한 PB 상품 판매에 주력함
가격 전략	판매 가격과 마진을 경쟁사 대비 높게 책정함 한번 책정한 가격을 가급적 낮추지 않고 기존 가격을 유지함
채널 전략	기존의 핵심 채널인 온라인 채널 비중을 유지하되 모바일 채널 판매 비중을 획기적으로 높임 오픈마켓 판매 비중을 줄이고 자사몰 판매 비중을 늘림. 오프라인 팝업스토어 채널을 제한적으로 시작함
판매촉진 전략	가격 할인 행사를 하지 않고 대신 경품 제공 제휴마케팅 이벤트에 주력함 브랜드 홍보를 위해 우수 고객 대상 오프라인 초청 행사를 수차례 개최함

이제 담당 MD는 앞서 살펴본 의류 카테고리뿐만 아니라 영업자원 투입 비중을 소폭 늘리거나, 유지하거나 또는 줄이기로 한 다른 세 개의 카테고리에 대해서도 의류 카테고리의 예시와 마찬가지로 각각 상세 영업전략을 수립해야 한다.

✄ [4단계] 최적 방안 선택과 상세 전략 수립

1	시장, 경쟁자 및 고객에 대한 분석 결과를 나의 영업에 긍정적인 기회요인들과 부정적인 위협 요인들 가운데 어떤 것이 더 큰지 그리고 내가 기회를 포착하거나 또는 위협을 극복하는 데 적합한 핵심역량을 갖추고 있는지에 따라 네 가지 케이스로 정리한다.
2	분석 결과 기회요인이 위협요인보다 더 크고 내가 기회요인 포착에 적합한 핵심역량을 갖추 고 있는 경우, 기회요인 포착을 위해 해당 전략적 대안에 대한 나의 영업자원 투입비중을 대 폭 늘리는 전략적 방향성을 채택한다.
3	전략적 대안별로 전략적 방향성을 도출하였다고 하더라도 영업사원이 최적안을 실행하기 위 해서는 제품, 가격, 채널 그리고 판매촉진과 관련하여 상세한 영업전략을 수립하여야 한다.

제7장

[5단계] 액션플랜 작성과 영업전략 실행

지금까지 네 단계에 걸쳐 각종 분석결과를 정리하여 여러 대안에 대해 전략적 시사점을 도출하고, 최적의 방안을 선택하였으며, 이를 바탕으로 상세한 영업전략을 수립하였다. 전사 차원의 전략을 수립하거나 또는 사업부 차원의 전략을 수립하는 일반적인 경우와 영업사원이 영업전략을 수립하는 경우, 모두 갭을 파악하고, 대안을 나열한 후 각종 분석을 실시해 그 결과를 토대로 상세한 전략을 수립하는 네 단계 전략 수립 프로세스를 따른다는 점에 있어서는 동일하다.

그런데 일반적인 전략 수립의 경우, 전략을 수립하는 주체와 실행하는 주체가 다른 경우가 많다. 즉, 전사 전략을 수립하는 전략기획부서나 영업본부 전략을 수립하는 영업기획부서의 입장에서는 수립한 전략을 실행부서에서 잘 실행할 수 있도록 비교적 상세하게 전략을 수립해야 할 것이다. 하지만 그럼에도 불구하고 실행은 오롯이 실행부서의 몫이다.

이와 달리 영업사원이 영업전략을 수립하는 경우, 전략을 수립하는 주체와 실행하는 주체가 동일하다. 즉, 영업사원은 자신의 영업성과를 극대화하기 위해 자신의 영업현장 여건에 가장 적합한 자신만의 전략을 수립하는 주체일 뿐만 아니라 이렇게 수립된 전략을 실행하는 주체이다. 따라서 영업전략 수립에 있어서는 지금까지 살펴본 전략 수립의 네 단계 프로세스에 이어서 실행 단계를 추가로 살펴보아야 한다.

영업전략 수립의 다섯 단계 프로세스 가운데 마지막 단계에서 해야 하는 작업은 액션플랜을 작성하고 이를 영업현장에서 실행하는 것이다. 이 실행 단계에서는 구체적으로 영업사원이 먼저 SMART 원칙에 따라 액션플랜의 초안을 직접 작성하고, 이어서 다른 영업사원들 또는 영업관리자의 피드백을 받아 액션플랜을 완성한 후, 자신의 영업현장에서 이러한 액션플랜을 단호하게 실행하며, 마지막으로 실행 결과를 바탕으로 영업전략을 수정하는 작업을 반복 수행하게 된다.

제1절 SMART 원칙에 따른 액션플랜 작성

1. SMART 원칙

아무리 영업전략을 상세하게 수립하였다고 하더라도 영업사원이 이를 바로 실행하기 위해서는 영업전략을 행동계획, 즉 액션플랜으로 구체화하는 작업이 필요하다. 영업사원이 액션플랜을 작성하기 위해서는 'SMART 원칙'을 따라야 한다.

'SMART 원칙'이란 목표 설정, 계획 수립 또는 성과 측정을 위한 다섯 가지 원칙을 제시한 프레임인데, 여기서 'SMART'란 Specific, Measurable, Achievable, Relevant 그리고 Time-bound라는 단어에서 각 머리글자를 조합하여 만든 줄임말이다.

SMART 원칙에서 제시하는 다섯 가지 내용은 다음과 같다.

• **Specific(구체성)** : '구체성'이란 제시하는 내용이 여러 사람 간에 또는 여러 경우에 따라 다르게 해석될 여지가 없을 정도로 명확해야 한다는 것을 의미한다. 계획 수립에 있어 그 내용이 추상적이거나 모호하면 그 내용

이 무엇을 의미하는지 실행 전에 다시 한번 고민을 하게 되어 바로 실행하기 어렵거나 경우에 따라 원래 취지와 다르게 해석되어 다른 방향으로 실행될 수도 있다. 예를 들어 '살을 빼기 위해 내일부터 다이어트를 하겠다'는 경우, 살을 뺀다는 것이 단순히 체중을 감량하는 것인지 아니면 체지방만을 제거하는 것인지가 분명하지 않다. 또한 식이요법, 운동요법, 치료요법 등 다양한 다이어트 방법들 가운데 어떤 방법을 선택할 것인지가 분명하지 않아 이러한 계획을 바로 실행으로 옮기기 전에 또 다른 고민을 해야 한다. 따라서 '체지방 3kg을 빼기 위해 매일 1시간씩 자전거를 타겠다'는 식으로 계획을 구체적으로 제시하면 내용이 명확하기 때문에 바로 실행으로 옮길 수 있다.

• **Measurable(측정 가능성)** : '측정 가능성'이란 제시하는 내용의 성취 여부 내지 성취 정도를 정량적인 수치로서 제시할 수 있어야 한다는 것을 의미한다. 예를 들어 '운동을 열심히 하겠다'는 경우, 운동을 열심히 했다는 것을 과연 달성했는지 또는 어느 정도로 달성했는지 그 달성 여부와 달성 정도를 객관적으로 측정할 수가 없어서 계획으로서 적절하지 않다. 오히려 '매일 1시간씩 자전거를 타겠다'고 하는 경우, 성공 여부를 쉽게 판단할 수 있어 계획을 수립하거나 경과를 추적하는 데 더 적절하다.

• **Achievable(달성 가능성)** : '달성 가능성'이란 제시하는 내용이 너무 높게, 또는 너무 낮게 설정되지 않고 현실적으로 적절한 수준으로 제시되어야 한다는 것을 의미한다. 계획을 작성하는 목적은 목표 달성에 도움을 주기

위해서이다. 그런데 달성할 수 없는 계획을 제시하는 것은 목표 달성에 도움이 되지 않는다. 예를 들어 평소 시간을 내어 따로 운동을 전혀 하고 있지 않은 일반인이 주중에 매일 하루 8시간씩 운동하겠다는 내용은 현실적으로 무리이며 달성 가능하지 않아서 계획으로서 적절하지 않다. 마찬가지로 제시한 수준이 너무 낮으면 굳이 목표 달성을 위하여 계획으로 작성하여 관리하는 의미가 없기 때문에 이 또한 계획으로서 적절하지 않다.

달성 가능성을 판단하는 기준이 되는 적절한 수준이란 평소의 활동으로는 쉽게 달성할 수 없어 보이는 다소 높은 정도이되 동시에 열심히 노력한다면 달성할 수 있는 의욕적인 정도가 현실적으로 타당하다. 평소 운동을 전혀 하지 않는 일반인이 매일 1시간씩 자전거를 타겠다는 것은 쉽게 달성할 수 있어 보이지는 않지만, 열심히 노력한다면 불가능한 것도 아니기 때문에 달성 가능한 계획으로 여겨진다. 물론 달성 가능성은 계획을 실제로 실행하는 당사자의 여러 사정을 고려하여 개별적으로 판단되어야 한다. 어떤 사람에게는 달성 가능해 보이는 계획도 다른 사람에게는 달성 불가능해 보일 수도 있기 때문이다.

- **Relevant(적절성)** : '적절성'이란 제시하는 내용이 달성하고자 하는 목표와 관련되어야 한다는 것을 의미한다. 앞서 언급했듯이 계획을 작성하는 목적은 목표 달성에 도움이 되기 때문이다. 그렇다면 당연히 계획으로서 제시되는 내용은 목표 달성과 관련된 것이어야 한다. 예를 들어 하루 1시간씩 자전거를 타는 것은 체지방을 빼는 것과 관련해서는 적절한 활동이지만 하루 1시간씩 영어 단어를 외우는 것은 체지방을 빼는 것과 직접적

인 관련성이 없어 계획으로는 적절하지 않다.

• **Time-bound(시간적 제약성)** : '시간적 제약성'이란 제시하는 내용에 언제부터 언제까지 하겠다는 시간적 요소를 반영해야 한다는 것을 의미한다. 계획 작성에 있어 시간적 요소를 반영하지 않으면 작성된 내용이 계획에만 그치고 바로 실행으로 이어지기가 어렵다. 예를 들어 '매일 하루 1시간씩 자전거를 타겠다'고 하는 경우, 언제부터 이러한 계획을 실행할 것인지가 여전히 모호하다. 오히려 '이번 주부터 매일 하루 1시간씩 자전거를 타겠다'고 하여 '이번 주'라는 시간적 요소를 반영하면 바로 실행하는 데 도움이 되고 또한 실행 여부를 쉽게 판단할 수 있어 계획 수립에 더 적절하다.

SMART 원칙은 조직 차원에서 프로젝트 진도관리 또는 조직 구성원들의 성과관리뿐만 아니라 개인 차원에서도 자기 계발 관리 등의 다양한 분야에서 널리 활용되고 있다. SMART 원칙에 따라 작성된 계획은 바로 실행으로 이어지기 쉽고, 실행 이후에도 실행 경과를 측정하여 계획 달성 여부를 판단하기가 쉬워서 목표 달성에 도움이 된다.

2. 액션플랜 작성

이제 앞서 살펴본 온라인 쇼핑몰 MD의 사례를 가지고 이미 수립한 상세 영업전략을 SMART 원칙에 따라 구체적인 액션플랜으로 작성해 보자. 이전 단계에서 의류, 식품, 가구, 신발 등 네 개 카테고리의 상품 기획 및 영업을 담당하는 MD가 각종 분석을 통해 기회요인이 크고 본인의 핵심역량을 잘 활용할 수 있는 의류 카테고리에 대해 자신의 영업자원 투입을 대폭 늘리겠다는 전략적 방향성을 도출하였다. 이어서 이러한 전략적 방향성을 구체화하기 위해 20~30대 신규 고객층을 대상으로 하는 새로운 상품 기획에 더 많은 자신의 영업자원을 투입하고, 새롭게 출시되는 이 상품을 프리미엄 가격에 그리고 모바일 자사몰 채널을 통한 판매에 더 많은 자신의 영업자원을 투입하는 동시에 브랜드 홍보 활동도 활발히 전개하겠다는 내용의 상세 영업전략도 수립하였다. 이제 이러한 상세 영업전략에 따라 SMART 한 액션플랜을 작성할 차례이다.

해당 MD는 상세 영업전략을 실행하기 위해 먼저 상품 기획 및 출시와 관련하여 이번 가을 비수기 매출 증가를 위해 올해 7월 말까지 다섯 가지 신규 이벤트 상품 출시를 준비하겠다는 구체적인 목표를 세우고 향후 6개월간 매월 어떤 활동을 할 것인지 액션플랜을 작성한다. 예를 들어 신규 이벤트 상품 출시 준비를 위해 3월에는 상품 기획 관련 내부 회의를 평소 주 1회에서 주 2회로 늘리고, 우수 협력사와의 회의도 평소 주 1회에서 주 2회로 늘린다. 그리고 신규협력사 발굴을 위한 사전 조사 활동을 주 1회 새롭게 실시한다. 그리고 4월에는 내부 회의와 우수 협력사와의 회의와 같은 활동은 3월과 같은 수준으로 유지하되, 신규협력사 발굴을 위한 사전 조사 활동의 경우, 3월에 마무리하고, 4월에는 신규협력사 후보군들과의 외부 미팅을 주 1회 새롭게 실시한다. 이어서 가격, 채널 그리고 판매촉진과 관련해서도 매 월별로 어떤 활동을 언제부터 언제까지 몇 번이나 할 것인지 구체적인 계획을 작성한다. 마지막으로 이렇게 수립된 액션플랜에 대하여 구체성, 측정 가능성, 달성 가능성, 적절성, 시간적 제약성의 측면에서 SMART 원칙에 부합하는지를 점검한다.

3. 영업자원 투입 비중 조정

영업전략에 따라 액션플랜을 작성하게 되면 이 액션플랜에 따라 자신의 영업자원 투입 비중을 조정하는 작업을 한다. 개인 차원에서 영업사원이 가진 영업자원은 크게 영업활동 시간과 영업자금 두 가지이다. 앞서 영업전략 수립 세 번째 분석 단계에서 영업사원은 시장, 경쟁자, 고객뿐만 아니라 자신과 조직의 핵심역량과 자신의 가용자원을 점검하였는데, 구체적으로 자신이 어떤 종류의 영업활동을 하고 있으며 영업활동별로 어느 정도의 시간과 자금을 투입하고 있는지를 정리하였다.

이제 영업전략 수립의 마지막 다섯 번째 단계에서 영업활동 액션플랜이 작성되면, 분석 단계에서 이전에 파악한 영업사원의 각 영업활동별 영업자원 투입 비중은 새롭게 수립된 영업전략과 영업활동 액션플랜에 맞게 조정되어야 한다.

예를 들어 온라인 쇼핑몰 MD의 경우 자신의 영업활동과 관련한 영업자원 투입 현황을 분석한 결과, 현재 시장 동향 파악 및 분석 관련 활동에 20%, 상품 기획 및 개발활동에 30%, 그리고 상품 영업활동에 50%의 자원을 투입하는 것으로 파악하였다.

의류 카테고리의 경우, 기존 상품 관리보다 신규상품 개발 활동에 더 많은 영업자원을 투입하기로 전략을 수립하였고, 이에 따라 신규상품 출시와 관련된 각종 영업활동에 대한 구체적인 액션플랜이 작성되었다. 이러한 전략적 방향성과 액션플랜에 맞추어, 이제 해당 MD는 시장 동향 파악 및 분석과 관련된 활동 비중을 20%에서 30%로 늘리고, 상품 기획 및 개발활동 비중을 30%에서 50%로 늘리는 한편, 상품 영업활동 비중을 50%에서 20%로 줄이는 방향으로 자신의 영업자원 투입 비중을 조정한다. 이를 정리하면 다음과 같다.

온라인 쇼핑몰 MD의 영업관련 주요 활동 예시*		영업자원 투입비중	
		이전	이후
시장동향 파악/분석	현장 방문, 구매자/최종소비자 인터뷰 시장참여자/전문가/경쟁사 직원 인터뷰 협력사 방문/인터뷰 외부자료 검색 내부자료 분석	20% →	30%
상품 기획/개발	상품 콘셉트 개발 및 브랜드 탐색 상품 기획 신규 협력사 발굴 우수 협력사 관리	30% →	50%
상품 영업	세일즈 포인트 발굴 영업 기획 영업 실행 사후관리	50% →	20%

* 주 40시간 기준, 총 100%

　지금까지 영업사원의 영업자원 투입 비중 조정과 관련하여, 먼저 영업사원의 영업관련 주요 활동들을 파악하고 각 영업활동별로 현재의 영업자원 투입 비중을 점검했다. 그런 뒤 새로운 영업전략에 따라 이러한 현재의 영업자원 투입 비중을 조정하는 방법에 대하여 살펴보았다.

　다음으로 영업사원이 여러 시장이나 지역, 고객이나 제품 카테고리를 담당하는 경우 어떤 시장, 지역, 고객 또는 제품 카테고리에 주력할 것인지에 대해 전략적 대안들을 나열하고 각 대안별로 전략적 방향성을 도출한다. 그리고 이를 하나의 세트로 된 영업전략으로 취한다. 이러한 경우 각 대안별로 해당 대안에 대한 영업자원 투입 비중을 조정하여야 한다.

예를 들어 온라인 쇼핑몰 MD가 담당하는 네 가지 카테고리 제품들에 대해 각 카테고리별로 전략적 방향성을 도출하였는데, 구체적으로는 의류 카테고리에 대해서는 영업자원 투입 비중을 대폭 늘리고, 신발 카테고리에 대해서는 영업자원 투입 비중을 줄이기로 했다. 또한, 식품 카테고리에 대해서는 영업자원 투입 비중을 소폭 늘리고, 가구 카테고리에 대해서는 추가 영업자원 투입을 자제하기로 정한 경우, 이러한 전략적 방향성에 맞추어 영업자원 투입 비중을 조정하여야 한다.

영업전략 수립 이전에는 영업사원이 담당하는 네 가지 카테고리 모두에 대해 균등하게 각 카테고리별로 25%의 영업자원을 투입하였다고 가정하면 이제는 새롭게 수립된 영업전략에 맞추어 의류 카테고리에는 40%, 신발 카테고리에는 10%, 식품 카테고리에는 30%, 그리고 가구 카테고리에는 20%의 영업자원을 차등하여 투입하는 것으로 영업자원 투입 비중을 조정하여 구체적으로 제시한다. 이를 정리하면 다음과 같다.

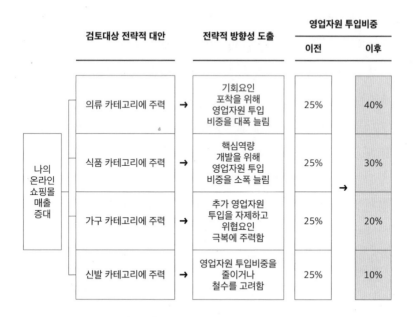

검토대상 전략적 대안	전략적 방향성 도출	영업자원 투입비중	
		이전	이후
의류 카테고리에 주력 →	기회요인 포착을 위해 영업자원 투입 비중을 대폭 늘림	25%	40%
식품 카테고리에 주력 →	핵심역량 개발을 위해 영업자원 투입 비중을 소폭 늘림	25%	30%
가구 카테고리에 주력 →	추가 영업자원 투입을 자제하고 위협요인 극복에 주력함	25%	20%
신발 카테고리에 주력 →	영업자원 투입비중을 줄이거나 철수를 고려함	25%	10%

나의 온라인 쇼핑몰 매출 증대

영업전략과 액션플랜에 따라 영업자원 투입 비중을 조정할 때 주의할 점은 영업시간과 영업자금의 총량을 현재보다 더 늘리는 것이 아니라 기존 영업시간과 영업자금의 범위 내에서 그 비중만을 조정하는 데 집중해야 한다는 것이다.

만약 어떤 영업전략을 통해 새롭게 어떤 시장이나 고객 또는 어떤 상품이나 영업활동에 주력하기로 방향성을 정하고, 기존보다 많은 영업시간이나 영업자금을 투입하는 경우, 이를 통하여 영업 매출이나 영업이익이 늘어났다고 하더라도 그것이 새로운 영업전략 때문이라고 할 수는 없다. 게다가 이미 많은 경우 영업사원은 자신의 가용한 영업시간과 영업자금의 총량을 최대치까지 사용하고 있어 더 이상 이를 늘리기가 어려운 경우가 많다. 혹시 어떤 영역에 영업시간이나 영업자금을 더 투입하는 것이 영업사원 차원에서 단기적으로는 가능할 수 있으나, 영업조직 차원에서 전략적 지원이 없으면 이는 지속 가능하기가 어렵다. 이러한 여러 사정들을 감안할 때 스마트한 영업을 위해서는 기존 영업자원의 범위 내에서 그 비중을 조정하는 방식이 현실적으로 더 바람직하다.

제2절   영업전략 실행

1. 실행 전 피드백 받기

지금까지 영업사원 차원에서 영업전략 수립과 그에 따른 액션플랜 작성이 마무리되었다. 이제 영업사원은 자신의 영업현장에서 액션플랜에서 제시된 각종 영업활동들을 계획에 따라 수행하면 된다.

영업사원이 각종 영업활동들을 바로 실행하기 전에 반드시 해야할 것이 있다. 작성된 액션플랜을 담당 영업관리자와 다른 동료 영업사원들과 공유하고 그들의 피드백을 받는 것이다. 지금까지 각종 단계를 밟아서 영업전략으로 완성하기까지 모든 과정은 영업사원이 주도하게 된다. 그 과정에서 자신이 간과한 중요한 포인트를 담당 영업관리자나 동료 영업사원들의 피드백을 통하여 추가로 포착할 수도 있다.

담당 영업관리자는 영업사원이 영업목표를 달성하는 데 가장 큰 관심을 가지고 도와주는 코치의 역할을 수행한다. 그들은 다른 누구보다도 영업사원의 현장 영업환경을 이해하고 더 넓은 시각에서, 또 다양한 각도에서 각종 분석자료를 검토하고, 무엇보다도 영업사원의 강점과 약점, 그리고 가용자원에 대해 객관적인 피드백을 제공하는 위치에 있다. 따라서 영업사원은 영업전략 수립의 각 단계마다 담당 영업관리자와 수시로 의견을 교환하며 이들과 함께 영업전략을 수립해 나간다는 자세가 필요하다.

영업관리자의 피드백은 영업전략과 액션플랜의 완성도를 높이는 데에 도움이 될 뿐만 아니라 이후 실행 단계에서 영업사원이 각종 영업활동들을 꾸준히 실행하는 데 있어서도 영업관리자의 협조와 지지가 절대적으로 중요하다.

다음으로 영업전략과 액션플랜 초안을 가급적 동료 영업사원들과 공유하고 그들의 피드백을 받는 것도 영업전략과 액션플랜 완성과 이후 실행에 있어 영업사원에게 큰 도움이 된다. 갭 파악과 전략적 대안을 나열하는 활동의 경우, 담당 영업사원이 주도적으로 작업할 수밖에 없다. 하지만 시장과 경쟁자 그리고 고객 등 외부요인에 대한 분석의 경우, 유사한 상황에 처한 동료 영업사원들의 피드백이 현상을 이해하고 시사점을 도출하는 데 많은 도움이 된다. 뿐만 아니라 영업사원 개인과 영업조직의 핵심역량과 가용자원을 점검하는 데 있어서도 비슷한 처지의 동료 영업사원들이 중요한 피드백을 줄 수 있다.

동료 영업사원들의 피드백은 담당 영업관리자의 피드백과 마찬가지로 영업전략과 액션플랜 작성에 있어 그 완성도를 높이는 데에 기여할 뿐만 아니라 이후 각종 영업활동들을 꾸준히 실행하는 데 있어서도 도움이 된다.

2. 실행하기

이제 영업사원은 담당 영업관리자와 동료 영업사원들의 피드백을 반영하여 완성한 영업전략을 본격적으로 실행하게 된다. 영업전략의 실행은 구체적으로 액션플랜에서 제시된 각종 영업활동들을 수행하는 방식으로 이루어진다.

액션플랜이 구체적으로 상세하게 작성되었다면 그에 따라 매일, 매주, 그리고 매월 액션플랜에 따라 영업활동을 충실히 수행하면 자연스럽게 영업전략을 실행하는 것이 되고, 이러한 영업전략이 효과를 발휘하여 영업목표와 예상 영업실적 간의 갭은 줄어들어 결과적으로 영업목표 달성에 이르게 된다.

일단 실행의 초기 단계에서 주목할 것은 영업사원이 전개하는 각종 영업활동이 과연 영업목표 달성에 얼마나 효과가 있을지 성급하게 판단하기보다 일단 액션플랜에서 제시된 각종 활동들을 계획대로 수행하는 데 집중하는 것이 바람직하다.

영업전략이 제대로 수립되었다면 이러한 전략에 따라 제시된 각종 영업활동 수행에 집중한다면 자연스럽게 영업목표 달성에 한 걸음씩 나아갈 것이기 때문이다. 하지만 액션플랜에서 제시된 각종 영업활동을 수행하는 것이 반드시 계획대로 이루어지지만은 않는다. 계획을 수립할 때 미처 고려하지 못한 문제점들이 실행과정에서 발견되기도 하고, 갑자기 긴급사태가 발생하여 계획대로 꾸준히 실행하는 것을 어렵게 만들기도 한다. 무엇보다도 지금까지 영업해 오던 관행에 따른 관성으로 새로운 것을 꾸준히 실행하는 것이 생각만큼 쉽지 않다. 이럴 경우 담당 영업관리자 또는 동료 영업사원들과 문제점을 공유하고 그들의 도움을 받는 것도 좋다.

아무튼 실행의 초기 단계에서는 결과보다는 과정에 주목하여 계획 대비 각종 활동의 실천 현황을 매일, 매주 또는 매월 단위로 주기적으로 파악하여, 계획된 활동을 과연 얼마나 성공적으로 하고 있는지의 여부를 수시로 체크하면서 꾸준히 실행해 나가는 것을 습관화하는 데 집중한다.

이제 새로운 영업전략의 본격적인 실행 이후 최소 100일이 경과하는 시점에서는 각종 영업활동을 계획대로 하고 있는지 뿐만 아니라 각종 영업활동으로 인한 영업성과를 적극적으로 파악하여 영업전략이 목표 달성에 얼마나 효과가 있는지 그 효과성을 검증하는 작업도 동시에 진행한다.

영업전략의 효과성 검증작업은 주기적으로 실제 영업성과를 점검하여 영업전략 수립 시 기대했던 성과와 비교해 어느 정도 영업성과가 창출되고 있는지에 대해 분석하는 것을 의미한다.

또한 영업성과뿐만 아니라 영업전략 수립 시 판단의 근거가 된 각종 분석결과들이 과연 영업현장의 현실을 제대로 반영하고 있는지에 대해서도 함께 분석한다. 만약 영업현장에서의 현실과 영업전략 수립의 근거가 된 사실 간에 괴리가 있다면 영업현장의 현실을 반영한 분석결과에 따라 필요한 경우 영업전략을 수정한다.

예를 들어 연간 영업전략을 수립하고, 6개월째 연초 수립된 영업전략을 실행하고 있는 시점에서 영업전략의 효과를 검토한 결과, 예전에 영업전략을 수립할 때와는 다른 중요한 사실이 발생하여 영업전략 수정의 필요성이 제기된 경우, 다음 해 영업전략을 수립하는 연말까지 기다리지 말고 바로 새롭게 발생한 사실을 반영하여 기존 영업전략을 즉시 수정하는 것이 필요하다.

이와 같이 실행단계에서는 이전에 수립한 영업전략과 액션플랜에서 제시된 각종 영업활동들을 계획대로 단호하게 실행하는 것이 중요할 뿐만 아니라 동시에 각종 영업활동의 실행 결과, 그 효과를 수시로 점검하여 영업성과와 영업 현실의 여건 변화에 맞추어 유연하게 기존 영업전략을 수시로 수정하는 작업을 병행하는 것도 중요하다.

✧ [5단계] 액션플랜 작성과 영업전략 실행

1	SMART 원칙에 따라 구체적으로Specific, 측정 가능하게Measurable, 달성 가능하게Achievable, 목표와 적절하게 관련되게Relevant 그리고 시간적 요소를 반영하여Time-bound 액션플랜을 작성하면 영업전략의 실행력을 높이는 데 도움이 된다.
2	영업사원의 영업전략 실행이란 결국 자신의 영업시간과 영업자금을 영업활동에 투입하는 방식으로 이루어진다. 따라서 새롭게 수립된 영업전략과 액션플랜에 따라 영업사원의 각 영업활동별 영업자원 투입 비중을 조정하는 것이 필요하다.
3	영업사원은 영업전략 실행 전에 자신의 영업전략과 액션플랜을 영업관리자와 동료 영업사원들과 공유하여 그들의 피드백을 받고, 실행에 있어 단호하게 계획대로 실행하며, 영업전략 실행 후에는 그 성과를 분석하여 유연하게 영업전략을 수정한다.

제8장

영업전략 활용방안

영업사원이 영업현장에서 수립한 각자의 영업전략은 영업사원 차원과 영업관리자 차원 그리고 영업본부 또는 전사 차원에서 다양하게 활용할 수 있다.

제1절   영업사원 차원에서의 활용방안

　먼저 영업사원 차원에서 현장 영업사원이 작성한 영업전략은 영업사원 자신의 영업목표를 달성하고 표준 영업활동 프로세스를 시작하고 마무리하는 데 활용할 수 있다. 일차적으로 영업전략 수립은 영업사원들의 영업목표 달성에 도움이 된다. 예상하는 영업실적에 대비해서 영업목표가 높아서 목표 달성이 가능할지 고민하는 현장 영업사원들에게 지금까지 다섯 단계 프로세스를 차근차근 밟아서 수립한 영업전략은 영업목표 달성을 위한 다양한 대안들을 검토하도록 하고, 적절한 분석을 통해 현재 상황에서 영업목표 달성을 위한 최적의 방안을 제시한다. 또한 이렇게 수립한 영업전략은 영업사원들에게 영업시간과 영업자금의 총량을 지금보다 더 늘릴 것을 요구하는 것이 아닌 단지 영업자원의 투입 비중을 조정할 것을 요구한다는 점에서 스마트한 영업 방법이다.

　뿐만 아니라 영업사원들은 현장 영업전략 수립을 통해 자신만의 표준 영업활동 프로세스를 시작하고 또 마무리하는 데 활용할 수 있다. 영업사원들이 자신만의 영업활동의 루틴을 가지고 있으면 영업사원들이 지치지 않고 꾸준하게 기본적인 영업활동을 실행하고 그 결과 더 많은 영업성과를 창출하는 데 큰 도움이 된다.

영업활동 프로세스의 기본 뼈대는 계획하고(Plan 단계), 실행하며 (Do 단계), 그 결과를 분석해서(See 단계), 다음 계획에 반영하는 Plan-Do-See의 3단계 과정을 반복하는 것이다.

이러한 'Plan-Do-See'의 3단계 과정을 현장 영업사원의 영업활동 프로세스에 적용하면, Plan 단계에서 분기 단위로 영업사원이 자신의 영업전략을 수립하고, 월 단위로 해당 기간에 중점 영업할 우선 영업 대상 고객군을 선정한다. Do 단계에서 주 단위로 미리 고객 방문 약 속을 잡고, 실제로 고객을 방문하고, 방문 내용을 기록한다. 또 See 단 계에서 주 단위로 영업활동을 분석하고, 월 단위로 영업관리자가 영 업사원의 영업활동의 양과 질에 대해 코칭과 피드백을 제공하며, 분 기 단위로 영업성과를 분석하여 해당 분기 영업전략의 효과를 살펴 본 후 이를 다음 분기 영업전략 수립에 반영하는 프로세스를 만들 수 있다.

물론 영업사원 각자의 영업활동 프로세스는 자신들의 영업하는 산 업의 특성, 영업 형태의 특징 또는 영업조직이나 영업사원 자신이 처 한 구체적인 영업상황 등에 따라 다양할 수 있다. 그리고 분기 단위, 월 단위, 주 단위 내지 일 단위 등 영업활동의 규칙적인 주기 또한 다 양하게 가져갈 수 있다. 어떤 경우에는 예시와 같이 분기별로 영업전 략을 수립하는 것이 바람직할 수도 있고, 다른 한편으로는 좀 더 자주

월 단위로 영업전략을 수립할 수도 있다. 또는 연 단위 내지 반기 단위로 영업전략을 수립할 수도 있다. 중요한 것은 영업사원 개인 단위에서 Plan-Do-See의 3단계 과정에 기초한 나름의 영업활동 프로세스를 구축하고 이를 규칙적으로 꾸준히 실행하는 것이다.

영업사원 개인 차원에서 나름의 규칙적인 영업활동 프로세스를 구축하는 것도 좋지만, 영업사원 각자가 담당하는 시장이나 고객군은 다를지라도 조직을 구성하는 영업사원들 각자가 가지고 있는 자신만의 영업활동 프로세스를 영업조직 차원에서 표준화해서 해당 영업조직에 고유한 표준 영업활동 프로세스를 구축하는 것도 매우 강력한 효과를 발휘한다. 이러한 표준 영업활동 프로세스를 통해 영업사원들 각자뿐만 아니라 영업조직 차원에서 영업사원들의 다양한 활동들을 한 방향으로 정렬하고 이를 효과적으로 지원할 수 있기 때문이다.

영업전략 수립은 이러한 표준 영업활동 프로세스의 출발점이자 종착점의 역할을 수행한다. 즉, 표준 영업활동 프로세스의 매 사이클마다 구체적인 방향성은 영업전략 수립으로부터 결정되어 영업활동 프로세스를 시작하게 되고, 영업사원의 매일 매일의 영업활동에 대한 분석결과가 다음 영업전략 수립에 반영됨으로써 영업활동 프로세스가 마무리되게 된다. 영업사원의 3단계 Plan-Do-See라는 표준 영업활동 프로세스는 다음과 같이 정리할 수 있다.

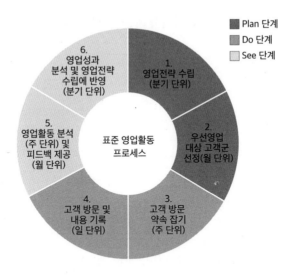

표준 영업활동 프로세스 주요 내용 예시

1. 분기 단위로 영업전략을 수립함
2. 월 단위로 해당 기간에 중점 영업할 우선영업 대상 고객군을 선정함
3. 주 단위로 미리 고객 방문 약속을 잡음
4. 매일 고객을 방문하고 방문 내용을 기록함
5. 주 단위로 영업활동을 분석하고 월 단위로 영업관리자가 영업사원에게 피드백을 제공함
6. 분기 단위로 영업성과를 분석하고 그 결과를 다음 영업전략 수립에 반영함

제2절 영업관리자 차원에서의 활용방안

　현장 영업사원들이 수립하는 영업전략은 영업관리자들의 영업사원 코칭에도 활용할 수 있다. 영업관리자들은 자신이 관리하는 영업사원들의 영업목표 설정, 영업실적 관리, 영업활동 관리뿐만 아니라 영업사원들의 영업성과의 극대화를 위하여 다양한 분야에서 영업사원들에게 코칭과 피드백을 제공한다. 이러한 과정에서 영업관리자들은 영업사원들의 영업전략 수립에도 많은 도움을 줄 수 있다. 만약 영업사원이 자신의 영업현장에 대한 자신만의 영업전략을 제대로 수립하지 않을 경우, 결국 영업사원의 성과 향상을 위해 영업관리자가 영업사원에게 영업전략의 방향을 일방적으로 또는 주도적으로 제시할 수밖에 없다. 그런데 영업전략 수립을 영업사원이 아닌 영업관리자가 주도하는 경우, 영업관리자는 영업현장에 대한 정확한 정보 파악과 사실 획득에 어려움이 있어서 자신이 수립한 영업전략이 영업현장의 현실에 맞지 않을 위험성이 있다. 뿐만 아니라 영업관리자가 수립한 전략을 영업사원이 실행할 때 실행력이 떨어질 수도 있다.

그런데 영업사원이 자신의 영업전략 수립을 주도하고 영업관리자가 이를 지원하는 경우, 영업관리자는 관리자로서의 경험과 또 자신의 과거 영업사원으로서의 경험을 활용하여 영업전략 수립에 많은 기여를 할 수 있다. 구체적으로 영업전략 수립의 1단계에서 갭을 파악하고, 2단계에서 전략적 대안을 나열하며, 3단계에서 영업사원에게 어떤 현장 정보가 영업전략 수립에 도움이 되는지 정보 획득의 방향성을 제시한다. 그리고 4단계에서 영업사원들이 획득하고 분석한 정보에서 전략적 시사점을 도출하고, 5단계에서 액션플랜을 작성하는 등 영업전략 수립 전반에 걸쳐 영업사원에게 실질적인 코칭을 제공할 수 있다. 결국 영업사원이 주도하는 영업전략 수립의 각종 활동들은 영업관리자가 담당 영업사원의 영업활동과 영업전략 수립에 있어 다양한 코칭 소재로서 풍부하게 활용될 수 있다.

제3절 영업본부 차원에서의 활용방안

현장 영업사원들이 수립하는 영업전략은 영업본부 차원에서 사업부 영업전략을 수립하는 데 중요한 기초자료로 활용할 수 있다. 영업본부 차원에서 사업부 영업전략을 수립할 경우, 영업본부 차원에서 주어진 갭을 없애기 위해 나름대로 전략적 대안들을 나열하고 각종 관련된 정보를 수집 분석하여 전략적 대안 각각에 대한 평가를 실시한다. 그리고 이렇게 수립한 영업본부 차원의 영업전략을 영업본부 산하 영업사원 단위에서 어떻게 실행하도록 할지 세부 계획을 수립한다.

특별히 영업본부 차원에서 각종 관련 자료를 수집 분석할 때, 영업본부는 기획팀, 마케팅팀, 시장조사팀 등 회사 내의 관련 지원부서의 도움을 받거나 영업본부 소속 지원부서에서 각종 관련된 자료를 직접 수집 분석하기도 한다. 그런데 회사 내의 다른 지원부서의 도움을 받든지 아니면 영업본부 소속 지원부서에서 직접 작업을 수행하든지 상관없이 이렇게 수집한 자료의 대부분은 외부 전문기관 또는 영업조직의 내부 팀들에 의해 필요한 가공을 거친 2차 자료들이다. 2차 자료에 대한 분석 작업들은 다양한 출처의 많은 자료를 비교적 적은 노력으로 획득할 수 있다는 장점이 있지만, 해당 정보가 수집되어 정리되는 과정에서 특정한 목적에 따라 가공되기 때문에 영업조직의 사업부 영업전략을 수립하는 데 있어 해당 자료들의 유용성이 떨어질 수밖에 없다는 한계가 있다.

실제로 영업본부 차원에서 영업전략을 수립하는 많은 경우에 있어 이러한 한계를 극복하기 위해 생생한 영업현장의 1차 자료들을 가급적 많이 확보하고자 여러 시도를 하고 있으나 현실적으로 영업전략 수립 직전에 현장 영업사원들을 대상으로 한두 차례 포커스 그룹 인터뷰Focus Group Interview를 실시하는 정도에 그치는 경우가 흔하다.

현장 영업사원들이 자신들의 영업전략을 수립하는 과정에서 수집한 각종 시장, 경쟁자, 고객 및 자신과 자신이 속한 조직의 경쟁력에 대한 객관적인 자료들은 영업본부 차원에서 사업부 영업전략을 수립하는 데 있어서도 유용한 1차 자료로써 활용할 수 있다. 따라서 영업본부 차원에서 현장 영업사원들이 평소에 수시로 자신들의 영업현장에서 각종 자료들을 쉽게 수집하도록 방향성을 제시하고, 수집된 자료를 사업부 차원에서 정리하여 데이터베이스로 관리해야 한다. 또한 필요할 때 쉽게 검색할 수 있도록 하고, 이를 사업부 영업전략 수립에 반영하는 체계적인 시스템을 구축하는 것이 중요하다.

현장 영업사원들이 자신들의 영업전략을 수집하는 과정에서 획득한 각종 정보뿐만 아니라 현장 영업사원들이 각자 수립한 영업전략이라는 결과물 그 자체도 영업본부 차원에서 사업부 영업전략을 수립하고 수정하는 데 요긴하게 활용할 수 있다. 영업본부 차원에서 현장 영업사원들에게 톱 다운Top-down 방식으로 제시하는 사업부 영업전략과는 별도로 현장 영업사원 각자가 자신들의 현장 상황을 고려하여 수립한 영업전략을 바텀업Bottom-up 방식으로 취합하여 이를 종합하면 나름대로 중요한 시사점을 도출할 수 있다.

예를 들어 영업본부 차원에서는 신제품을 가지고 기존 고객들을 공략하기보다 기존 제품을 가지고 신규 고객들을 확보하는 데 주력하는 방향으로 사업부 영업전략을 내부적으로 도출했다고 가정해 보자. 그런데 현장 영업사원들이 현장 영업환경을 분석하여 자체적으로 수립한 영업전략을 취합한 결과, 기존 제품으로 신규 고객들을 확보하는 데 주력하겠다는 영업전략을 선택한 영업사원들보다 기존 고객들을 대상으로 최근에 출시된 신제품을 위주로 판매하겠다는 영업사원들이 더 많은 경우가 있을 수 있다. 이럴 경우, 영업본부 차원에서 자신들이 수립한 사업부 전략을 영업현장에 일방적으로 제시하고 이를 영업목표로 구체화하기보다, 현장 영업사원들이 수립한 영업전략을 참고하고 이를 영업본부 전략 수립에 반영하는 것이 바람직하다. 사업부 영업전략 수립에 현장 영업상황을 더 정확하게 반영함으로써 영업성과 달성에 더 효과적인 방안을 도출했을 뿐만 아니라 현장 영업사원들의 의견을 반영함으로써 영업사원들의 적극적 호응과 동참을 끌어낼 수 있어 사업부 영업전략이 현장에서 더 강력하게 실행될 수 있기 때문이다.

영업본부의 사업부 전략이 아직 실행되지 않고 수립단계에 있는 경우뿐만 아니라 이미 사업부 전략이 실행되고 있는 경우에도 수시로 현장 영업사원들의 영업전략을 취합, 분석하고, 필요한 경우 이를 반영하여 사업부 영업전략을 탄력적으로 수정하는 것이 바람직하다.

특히 영업본부에서 담당하는 시장이나 고객군의 폭이 넓고, 각 시장이나 고객별로 특성이 뚜렷하여 해당 시장이나 해당 고객군을 담당하는 영업사원별로 영업방식이나 영업전략에 있어 폭넓은 재량권을 인정하는 것이 불가피한 사업이라고 해보자. 이때 현장 영업사원들이 수립하는 영업전략은 영업본부 차원에서의 사업부 영업전략 수립과 수정에 유용한 현장 자료로 요긴하게 활용할 수 있다.

✍ 영업전략 활용방안

1	영업사원은 영업사원 개인 차원에서 자신만의 Plan-Do-See의 표준 영업활동 프로세스를 구축하는 데 있어 영업전략 수립을 그 출발점이자 종착점으로 활용할 수 있다.
2	영업관리자는 영업사원이 수립한 영업전략을 영업사원에 대한 성과관리와 활동관리에 대한 코칭과 피드백 제공의 근거 자료로 활용할 수 있다.
3	영업본부 담당자는 현장 영업사원이 수립한 영업전략과 영업전략 수립의 근거가 된 각종 현장 분석정보를 영업본부 차원에서 사업부 영업전략을 수립하는 데 있어 기초 자료로 활용할 수 있다.

나오며

톨스토이의 소설 『안나 카레니나』의 첫 문장은 이렇게 시작한다.

"행복한 가정은 모두 비슷한 이유로 행복하지만 불행한 가정은 각자 저마다의 이유로 불행하다".

이와 같은 맥락에서 지금까지 영업현장에 있는 많은 영업사원들을 유심히 관찰한 결과, 낮은 성과를 내는 영업사원들은 이루 헤아릴 수 없을 정도로 다양한 이유를 가지고 있지만, 산업과 업종의 경계를 넘어 다양한 제품과 서비스를 취급하는 많은 영업사원들 가운데 높은 성과를 내는 사원들의 이유는 비교적 명확했다. 이는 바로 자신들의 영업실적이 부진할 경우, 이를 타개하기 위해 복수의 대안들을 놓고 고민하며 그 가운데 나름의 최선책을 찾아 이를 실행하고 있다는 점이다. 즉, 우수한 영업사원들은 공통적으로 자신만의 전략적인 영업을 하고 있었다.

전략적 영업과 관련하여 우수한 영업사원들은 자신이 영업하는 시장뿐만 아니라 전후방 공급망 전체의 현재 상황에 대해 폭넓게 이해하고, 향후 시장이 어떻게 전개될 것인지에 대해 자신만의 시각Viewpoint을 가지고 있었다. 또한 경쟁사들의 동향을 파악하기 위해 꾸준히 정보를 수집하고, 이를 자신의 영업에 활용하고 있었으며, 고객이 왜 자신으로부터 제품이나 서비스를 구매하는지 제품과 서비스의 이면에 존재하는 고객 가치Customer Value Proposition를 정확히 이해하고 있었다. 또한 이들은 고객들의 충족되지 못한 니즈가 무엇인지도 알고 있었다.

이에 더해 우수한 영업사원들은 예외 없이 다양한 사내외 관계자들과 폭넓게 교류하며 좋은 관계를 유지하기 위한 노력을 꾸준히 하고 있었다.

나는 이 책을 통해 내가 관찰한 우수한 영업사원들의 많은 특징들 가운데 전략적인 영업과 관련한 특징들을 정리하고 종합하여 이를 표준화된 다섯 단계 영업전략 수립 프로세스로 제시하였다. 나는 보통의 영업사원들이 이 책에서 제시한 영업전략 수립 프로세스를 한 단계 한 단계씩 차근차근 배우고 익힌다면 영업실적을 개선하기 위해 다양한 방안들을 대안으로 제시하고, 시장과 경쟁자 그리고 고객에 대한 이해가 더 깊어질 것이라 믿는다. 또한, 이를 위해 더 많은 사람들을 만나고 더 많은 정보를 수집하는 활동을 자신의 업무 루틴으로 삼게 되며, 나아가 궁극적으로 자신들의 영업성과를 향상시키는데 도움이 될 것이라고 확신한다.

물론 영업전략 수립 역량이 영업사원들의 영업성과 극대화를 위한 스마트한 방안들 가운데 중요한 하나의 방법이기는 하지만 유일한 방법은 아니다.

영업전략 수립 역량 이외에도 영업성과의 극대화를 위해 익히면 도움이 되는 다양한 스마트한 방법들이 있다. 그 가운데 높은 성과를 내는 우수한 영업사원들의 특징으로서 내가 영업현장에서 그 효과를 확인한 방법들 몇 가지를 이 자리에서 소개하면 '고객 우선 순위화하기', '영업활동 골든 룰Golden Rule 습관화하기', '영업 활동시간 관리하기' 등이 있다.

먼저 '고객 우선 순위화하기'이다. 우수한 영업사원들은 자신들이 타깃으로 정한 잠재 고객들뿐만 아니라 현재 자신이 담당하는 모든 고객들을 차별 없이 동일하게 대우하지 않는다. 그들은 자신들의 고객들을 적절한 기준으로 여러 그룹으로 세분화하고, 그 그룹들 가운데 우선순위를 정하고, 그들 각각에 대해 차별화된 고객 가치를 제공하고 있다. 그들은 자신들이 가진 영업시간과 영업자금이라는 자원의 한계를 불평하기보다 어떻게 하면 제한된 영업자원을 가지고 고객에게 최적의 가치를 제공할 것인지에 대해 고민한다. 그들이 고객들을 세분화하는 기준은 다양하다. 그들은 다양한 시도를 통해 최적의 기준을 찾고, 제한된 자원으로 고객이 진정으로 원하는 가치에 집중하고 있다. 결국 이러한 '고객 우선 순위화하기' 또한 영업사원들의 전략적 의사결정의 일환인 것이다.

다음으로 우수한 영업사원들은 나름의 '영업활동 골든 룰'을 설정하여 이를 자신의 영업활동 습관으로 만들고 있다. 일반적으로 '골든 룰'이란 도덕, 철학 또는 종교의 영역에서 절대 타협할 수 없는 근본적인 원리 또는 행동 원칙을 의미한다. 이러한 골든 룰을 영업활동에 적용하면, 어떠한 상황에서도 영업사원이 반드시 지켜야 하는, 또는 지키고 있는 영업활동의 행동 원칙으로 이해해도 무방하다.

예를 들어 외근 활동이 영업성과에 매우 중요한 영업의 경우, 영업사원이 매일 한 곳 이상의 고객사를 방문한다거나 매일 5명의 고객을 만난다는 것과 같이 영업사원이 자신의 영업활동에 있어 중요한 행동 지표를 설정하여 무슨 일이 있더라도 반드시 꾸준히 지키는 것이 중요하다. 우수한 영업사원은 나름대로 자신만의 중요한 영업활동의 골든 룰을 만들어 이를 습관화하고 있다. 따라서 영업사원들의 영업성과 향상에 가장 중요한 활동지표를 추출하고, 영업성과 향상에 효과가 있는 적절한 활동 수준을 정한 후 이를 습관화하도록 하는 것은 영업성과 향상에 상당히 효과적이다. 그런데 영업사원 개인 차원에서 영업활동 골든 룰을 습관화하는 것은 쉽지 않다. 따라서 영업조직 차원에서 영업사원들의 골든 룰 습관화를 지원하는 것이 바람직하다.

마지막으로 우수한 영업사원들은 많은 업무량을 제한된 시간 내에 효과적으로 처리하기 위하여 나름의 업무처리 루틴으로 '영업 활동시간'을 효율적으로 사용하고 있다. 영업사원마다 효율적인 시간관리를 위한 나름의 업무처리 루틴의 구체적 모습은 각자 다를 수 있다.

하지만 나름대로 자신들만의 시간 관리 노하우를 가지고 이를 지속적으로 실천하고 있다는 공통점이 있다.

영업환경이 끊임없이 변화함에 따라 이에 효과적으로 대응하고 또 적응하기 위한 영업사원 각자의 노력은 선택이 아니라 필수가 되었다. 그런데 뭔가 새로운 것을 하기 위해서는 먼저 기존의 것을 비워야 한다. 비우지 않고 새롭게 채운다는 것은 단기적으로는 가능할지 모르지만 지속가능하지 않다. 따라서 영업사원의 영업 혁신을 위해서는 효율적인 시간 관리가 필수적이다. 영업사원들이 자신들의 영업 활동 가운데 비교적 생산성이 떨어지는 활동을 줄여나가기 위해서는 영업사원 차원의 노력만으로는 한계가 있으며 이를 위해 영업관리자 또는 영업지원부서의 절대적인 지원이 필요하다. 영업관리자나 영업 지원부서에서는 영업사원들에게 더 열심히 하라고 요구하기에 앞서 어떻게 하면 그들의 일 가운데 생산성이 떨어지는 일을 줄여줄 수 있을지 선제적으로 고민해야 한다.

나는 영업사원들이 영업전략 수립뿐만 아니라 다양한 스마트한 영업을 위한 방법들을 익혀서 영업현장에서 활용하기를 바란다. 그런데 영업사원들 각자에게 이러한 방안들을 소개하고 이를 영업사원 개인 차원에서 각자 알아서 실행하도록 하면 현장에서 성공적으로 정착되기가 어렵다. 아는 것이 중요한 것이 아니고 결국 실행으로 이어져야 하고 실행은 일회성으로 끝나면 안 되고 습관화될 때까지 꾸준히 반복 적용되어야 한다. 그러기 위해서는 영업사원 스스로의 내적 동기부여와 더불어 영업사원 주변에서의 외적 동기부여가 반드시 필요하다.

내적 동기부여는 결국 영업사원이 '영업'이라는 자신이 맡은 직(職)을 얼마나 진지하게 자신의 비전을 달성하는 데 있어 중요한 자신의 업(業)으로 여기는지에 달려있다. 그리고 영업사원 주변에서의 외적 동기부여를 위한 수단으로 금전적 보상보다 함께 영업을 하는 동료들로부터의 인정과 칭찬, 그리고 영업관리자들의 솔직한 코칭과 피드백이 더 큰 효과가 있다는 것은 널리 알려진 바이다. 그런데 이러한 내적 그리고 외적 동기부여는 영업사원들의 스마트한 영업을 촉진시키는 데 상당한 도움이 되는 것이 사실이지만 문제는 이러한 활동들 또한 조직 차원에서 체계적으로 추진되지 않는다면 활동 자체를 꾸준히 실행하기가 어렵다는 한계가 있다.

결국 영업사원들이 스마트한 영업을 위한 다양한 역량을 개발하고 강화하는 데 있어, 영업사원들 스스로 실행하려는 의지와 노력뿐만 아니라 이를 지원하기 위한 영업관리자들의 코칭과 피드백 활동 등을 영업조직 차원에서 정리하고, 이를 교육이 아닌 훈련 프로그램으로 만들어 해당 조직의 영업사원들과 영업관리자들 모두에게 일정 기간 함께 습관화하도록 하는 방안이 효과적이다.

물론 업종과 영업의 특성에 따라 구체적인 프로그램의 내용과 기간, 강도는 다를 수 있다. 하지만 내가 경험한 다수의 실제 사례들을 통해 영업조직 차원의 체계적인 훈련 프로그램이 영업사원 개인 차원에서 핵심 영업 역량을 개발하고, 영업조직 차원에서 자신들 영업조직만의 독특한 영업문화를 만들어 궁극적으로 조직의 영업성과를 획기적으로 향상시키는 효과를 달성하는 데 큰 기여를 하는 것을 확인하였다.

VUCA 시대의 어려운 영업환경을 극복하기 위하여 이제 더 이상 '할 수 있다, 하면 된다, 될 때까지 한다!'라는 슬로건이 효과적인 시대는 지났다. 이제는 영업의 활동량을 더 투입하여 더 높은 성과를 높이려고 하기보다 동일한 활동량을 투입하더라도 더 높은 성과를 거두는 스마트한 방향으로 영업방식의 패러다임을 전환하여야 한다.

자신들의 영업방식을 스마트한 방향으로 바꾸기 위해 애쓰는 모든 현장 영업사원들의 노력을 응원하며 그들의 건투를 빈다. 또한 이러한 현장 영업사원들의 노력을 지원하고 있는 많은 현장 영업관리자들과 영업지원부서 담당자들의 각별한 관심을 기대한다.

이제 영업도 전략적으로 한다

초판 1쇄 인쇄 2024년 6월 5일
초판 1쇄 발행 2024년 6월 18일

지은이　　　이상화

기획　　　　이유림
편집　　　　정아영
마케팅 총괄　임동건
마케팅　　　안보라
경영지원　　임정혁, 이순미

펴낸이　　　최익성
펴낸곳　　　플랜비디자인

디자인　　　파크인미 www.parkinme.com

출판등록　　제2016-000001호
주소　　　　경기도 화성시 동탄첨단산업1로 27 동탄IX타워 A동 3210호

전화　　　　031-8050-0508
팩스　　　　02-2179-8994
이메일　　　planbdesigncompany@gmail.com

ISBN 979-11-6832-102-1 (03320)